本书获上海财经大学"中央高校基本科研业务费"资助出版

民法典侵权责任编
医疗损害责任评注

第1218条—第1228条

梁神宝　著

【书名】《民法典侵权责任编医疗损害责任评注：第 1218 条 — 第 1228 条》

【作者】梁神宝

【版本】平装本

【ISBN】979-8-9914012-5-8

【出版日期】2024 年 12 月第一版

【字数】106 千字

【定价】$12.20 美元

【尺寸】6×9 英寸

【版式设计】Asian Culture Press LLC

【出版发行】

Asian Culture Press LLC
1942 Broadway St., Suite 314c,
Boulder, CO 80302,
United States
www.asianculture.press
info@asianculture.press

目 录

导 言

一、医疗损害责任类型概述 ···················· 001

  （一）诊疗责任 ······························ 002

  （二）药品、消毒产品、医疗器械及血液缺陷所致侵权

      责任 ·································· 002

  （三）泄露患者隐私和个人信息 ··············· 003

  （四）违反"知情同意规则" ················· 003

  （五）过度医疗 ···························· 004

二、诊疗责任 ·································· 005

  （一）构成要件 ···························· 005

    1. 损害 ······························· 005

    2. 过错 ······························· 006

    3. 因果关系 ··························· 008

  （二）法律效果 ···························· 010

三、药品、消毒产品、医疗器械及血液缺陷所致侵权责任 ··· 012

  （一）概述 ································ 012

  （二）构成要件 ···························· 012

（三）法律效果 ·· 014

四、泄露患者隐私和个人信息 ····························· 015

（一）概述 ··· 015

（二）侵权类型 ··· 015

　　1. 超出知情范围刺探患者的隐私 ··················· 015

　　2. 泄露、公开传播患者隐私和个人信息 ············ 016

　　3. 医方擅自允许医学院实习生观摩对患者的治疗
　　　过程 ·· 019

（三）法律后果 ··· 020

五、违反"知情同意规则" ································· 020

（一）概述 ··· 020

　　1. 知情同意权的判例发展过程 ····················· 021

　　2. 知情同意的立法发展 ··························· 022

　　3. 我国关于知情同意权的立法 ··················· 023

（二）适用范围 ··· 024

（三）知情同意规则的内容 ······························· 025

　　1. 谁有同意权 ····································· 025

　　2. 有效同意以医务人员的充分说明为基础 ········· 027

　　3. 有效同意的法律效果 ··························· 028

（四）知情同意规则的例外 ······························· 030

　　1. 紧急情况下的例外 ····························· 030

　　2. 强制医疗 ····································· 031

六、过度医疗 ·· 031

（一）概述 ··· 031

（二）过度医疗的侵权构成要件 ························· 032

　　1. 医务人员实施了过度医疗行为 ················· 032

　　2. 损害 ·· 033

　　3. 医务人员存在过错 ······························· 033

　　4. 过度医疗行为与医疗损害之间存在因果关系····· 033

（三）法律效果 ······································· 034

《民法典》第 1218 条

一、规范目的 ··· 035

二、立法沿革和比较法例 ······························· 037

三、概念界定 ··· 040

（一）诊疗活动 ······································· 040

（二）医疗机构 ······································· 042

（三）医务人员 ······································· 043

四、责任主体 ··· 044

（一）医疗机构承担责任的性质 ················· 044

（二）院外会诊 ······································· 045

五、与医疗服务合同责任的关系···················· 047

六、举证责任 ··· 049

《民法典》第 1219 条

一、规范目的 ··· 053

二、立法沿革和比较法例 ······························· 054

（一）立法沿革 ······································· 054

（二）比较法例 ······································· 055

（三）知情同意规则的发展 ······················ 056

三、知情同意的体系功能 ················· 057

四、告知义务 ··························· 059

（一）告知义务的内容 ··············· 059

（二）告知对象 ····················· 067

五、患者同意 ························· 067

六、举证责任 ························· 068

《民法典》第 1220 条

一、规范目的 ························· 071

二、立法沿革和比较法例 ··············· 073

（一）立法沿革 ····················· 073

（二）比较法例 ····················· 073

三、规范内容 ························· 074

（一）适用范围为紧急情况 ··········· 074

（二）不能取得患者或者其近亲属意见 ······· 077

（三）经医疗机构负责人或者授权的负责人批准 ······ 081

四、参与公共场所急救服务 ············· 081

五、责任承担 ························· 082

六、举证责任 ························· 083

《民法典》第 1221 条

一、规范目的 ························· 085

二、立法沿革和比较法例 ··············· 086

三、诊疗义务 ·· 087

　　（一）诊疗义务作为医疗机构义务之一 ··············· 087

　　（二）"当时的医疗水平"作为诊疗义务是否完全履行以

　　　　　及过错的判断标准 ·································· 088

　　　　1. 诊疗标准的体系功能 ························· 088

　　　　2. "当时的医疗水平"作为诊疗标准 ············· 089

　　　　3. 地域性和机构间的水平差异是否应当考虑 ······· 093

四、责任主体和因果关系 ·· 096

　　（一）责任主体 ·· 096

　　（二）因果关系 ·· 097

五、举证责任 ·· 100

　　（一）举证责任的一般规则 ·························· 100

　　（二）患者举证责任的缓和 ·························· 101

《民法典》第 1222 条

一、规范目的 ·· 103

二、立法沿革和比较法例 ·· 105

三、规范内容 ·· 105

　　（一）过错推定中推定的性质 ······················ 105

　　（二）违反法律、行政法规、规章以及其他有关诊疗规范

　　　　　的规定 ·· 108

　　（三）病历资料的范围 ······························ 109

　　（四）隐匿或者拒绝提供病历资料 ················· 111

　　（五）遗失、伪造、篡改或者违法销毁病历资料 ········· 115

五、举证责任 ·· 117

《民法典》第 1223 条

一、规范目的 ……………………………………………………… 119

二、立法沿革和比较法例 ………………………………………… 120

    （一）《民法典》之前的医疗产品损害责任 ……………………… 120

    （二）《药品管理法》及药品上市许可持有人制度 ……… 122

三、规范内容 ……………………………………………………… 123

    （一）医疗产品的界定 …………………………………………… 123

        1. 药品 ………………………………………………… 123

        2. 消毒产品 …………………………………………… 124

        3. 医疗器械 …………………………………………… 125

        4. 血液 ………………………………………………… 126

    （二）责任主体 …………………………………………………… 128

        1. 医疗机构 …………………………………………… 128

        2. 药品上市许可持有人 ……………………………… 129

        3. 生产者 ……………………………………………… 130

        4. 血液提供机构 ……………………………………… 131

    （三）构成要件 …………………………………………………… 132

        1. 医疗产品存在缺陷 ………………………………… 132

        2. 患者受有损害 ……………………………………… 135

        3. 医疗产品缺陷与患者所遭受损害之间存在因果

            关系 …………………………………………………… 136

四、举证责任 ……………………………………………………… 137

    （一）举证规则 …………………………………………………… 137

    （二）责任豁免 …………………………………………………… 138

《民法典》第 1224 条

一、规范目的 ……………………………………………… 141

二、立法沿革和比较法例 ………………………………… 142

三、规范内容 ……………………………………………… 143

    （一）患者违反协力和遵嘱义务 ……………………… 143

    （二）紧急情况下已尽到合理诊疗义务 ……………… 146

    （三）限于当时的医疗水平难以诊疗 ………………… 148

四、过失相抵规则的适用 ………………………………… 149

五、举证责任承担 ………………………………………… 150

《民法典》第 1225 条

一、规范目的 ……………………………………………… 151

二、立法沿革和比较法例 ………………………………… 152

三、病历资料范围、制定与保管 ………………………… 154

四、患者查阅、复制病历资料的权利 …………………… 157

五、医疗机构拒绝提供相关病历资料的法律后果 ……… 160

《民法典》第 1226 条

一、规范目的 ……………………………………………… 163

二、立法沿革和比较法例 ………………………………… 164

    （一）立法沿革 ………………………………………… 164

    （二）比较法例 ………………………………………… 165

三、规范内容 ·· 166

（一）对患者的隐私和个人信息的保密义务 ················ 166

    1. 患者的隐私 ··· 166

    2. 患者的个人信息 ······································ 166

    3. 患者的个人信息与隐私之间的关系 ············· 167

    4. 保密和不得泄露患者隐私和个人信息 ·········· 167

（二）未经患者同意不得公开病历资料 ·················· 168

四、举证责任 ·· 168

《民法典》第 1227 条

一、规范目的 ·· 171

二、立法沿革 ·· 171

三、不必要的检查含义 ·· 172

四、举证责任 ·· 174

《民法典》第 1228 条

一、规范目的 ·· 177

二、立法沿革 ·· 178

三、规范内容 ·· 180

四、举证责任 ·· 181

引用文献目录

一、中文文献 ·· 183

二、外文文献 ·· 192

三、司法判决 ·· 192

导　言

一、医疗损害责任类型概述

《民法典》侵权责任编第六章是"医疗损害责任"。本章以"医疗损害责任"的标题包含了以下几种侵权责任：1.诊疗责任（Behandlungsfehler），指医疗机构和医务人员因诊疗行为侵犯了患者生命权、身体权和健康权。许多学者直接以"医疗损害责任"这一名词来指代诊疗责任。《民法典》第六章的名称为"医疗损害责任"，而其下涵盖的不仅有诊疗责任还有其他责任，为避免名词使用上的混淆，笔者仅使用"诊疗责任"这一名词来指代因诊疗活动过失侵害患者生命权、身体权、健康权的侵权责任。2.药品、消毒产品、医疗器械以及血液缺陷所致侵权责任。3.泄露患者隐私和个人信息的责任。4.医生违反"知情同意"规则，是单独构成一种侵权责任类型还是作为"诊疗责任"构成要件的一部分，于国内理论界尚有争议。5. 过度医疗。以下先简要介绍这 5 种类型，后文再对这五种类型做进一步阐述。

（一）诊疗责任

诊疗责任，是医务人员在提供专业医疗服务过程中，过错侵害他人生命权、身体权、健康权。诊疗责任必须以提供专业医疗服务致损为前提。损害若不是因提供专业医疗服务而发生，即便发生在诊疗活动过程之中也不能认定为诊疗责任。例如，药品、消毒产品、医疗器械以及血液缺陷所致损害，不是因医疗服务本身所致损害，不能归入诊疗责任之中；侵犯患者隐私权，虽有可能发生在诊疗活动中，但并非是因提供专业医疗服务所致，也不能归入诊疗责任。

《民法典》第 1218 条"患者在诊疗活动中受到损害，医疗机构或者其医务人员有过错的，由医疗机构承担赔偿责任。"此条为医疗损害责任的一般条款。

（二）药品、消毒产品、医疗器械及血液缺陷所致侵权责任

《民法典》第 1223 条规定："因药品、消毒产品、医疗器械的缺陷，或者输入不合格的血液造成患者损害的，患者可以向药品上市许可持有人、生产者、血液提供机构请求赔偿，也可以向医疗机构请求赔偿。患者向医疗机构请

求赔偿的，医疗机构赔偿后，有权向负有责任的药品上市许可持有人、生产者、血液提供机构追偿。"

药品、消毒产品、医疗器械均符合产品的特征，医疗机构提供该类产品以营利为目的，该类产品适用侵权责任法产品责任的相关规定，于此并无太多争议。而血液是否属于产品，一直以来争议很大，《民法典》第 1223 条这一规定，将输入不合格血液的责任也纳入产品责任的适用范围，有利于对受害人的救济（王利明，2016，页 391-392）。

（三）泄露患者隐私和个人信息

《民法典》第 1226 条规定："医疗机构及其医务人员应当对患者的隐私和个人信息保密。泄露患者的隐私和个人信息，或者未经患者同意公开其病历资料的，应当承担侵权责任。"此条是对患者隐私和个人信息保护的规定。

侵犯患者隐私权和个人信息，本质上与一般的侵犯他人隐私权或个人信息的行为没有区别，并没有特殊性。侵犯患者隐私权或个人信息的构成要件也即是一般构成要件，需要满足损害、过错、行为与损害间有因果关系等一般侵权行为的构成要件。

（四）违反"知情同意规则"

"知情同意规则"要求医务人员在诊疗活动中向患者说

明病情和医疗措施，需要手术、特殊检查、特殊治疗等对人体造成创伤比较大的诊疗行为的，需要告知医疗风险、替代医疗方案等情况，并取得患者明确同意。

知情同意规则是患者自主决定权的体现，是对患者人格的尊重。

违反"知情同意规则"是否构成独立于诊疗责任的侵权责任类型，学界有不同观点。有些学者认为违反"知情同意规则"构成独立的侵权责任类型（王利明，2016，页412；杨立新，《侵权责任法》（第4版），2021，页487以下；周友军，《侵权责任法专题讲座》，2011，页419-421；奚晓明（主编），2010，页394）。有学者认为违反"知情同意规则"作为诊疗责任中过错这一构成要件的认定事由（程啸，《侵权责任法》（第2版），2015，页292以下；张新宝，《侵权责任法》（第2版），2010，页235-237；梁慧星，2010，页37）。

（五）过度医疗

过度医疗是中国医患关系纠纷的一个重要原因，也是导致看病贵的重要原因。所谓过度医疗，就是指医疗机构或医务人员违背临床医学规范和伦理准则，实施不必要的诊疗，对发现病情和治疗疾病没有帮助，只是徒增医疗费用的行为。例如，患者手部骨折，医生却进行心脏检查。

《民法典》第1227条规定："医疗机构及其医务人员不

得违反诊疗规范实施不必要的检查。"此条规定仅提及检查这一环节，而理论上过度医疗不仅发生在检查阶段，也会发生在治疗阶段。该条规定并非完全的宣示性条款，如果医疗机构违反该条规定，实施过度医疗，造成患者损害，则应当承担侵权责任（王利明，2016，页 430-431）。

二、诊疗责任

（一）构成要件

诊疗责任，是指医务人员在提供专业医疗服务过程中，过错侵害他人生命权、身体权、健康权的责任。诊疗责任构成要件需考虑损害、过错和因果关系三个方面。

1. 损害

诊疗责任的损害，是指医务人员因提供专业医疗服务，过错侵害患者的生命权、身体权、健康权而导致患者损害。其范围仅限于侵害患者的上述权利，而不包括直接侵害患者的财产权益和其他人身权益。例如医务人员对患者过度医疗而导致患者财产利益受损，医务人员侵害患者隐私权致患者损害，都不属于诊疗责任的损害。

诊疗责任侵害的权利虽然是生命权、身体权、健康权，但其损害最后表现为财产上的损失。损害的计算，可以根据《民法典》第 1182 条加以确定：侵害他人人身权益造成财产损失的，按照被侵权人因此受到的损失或者侵权人因此获得的利益赔偿；被侵权人因此受到的损失以及侵权人因此获得的利益难以确定，被侵权人和侵权人就赔偿数额协商不一致，向人民法院提起诉讼的，由人民法院根据实际情况确定赔偿数额。

诊疗过失侵害患者生命权、身体权、健康权若伴随精神损害，是否应该赔偿精神损害呢？对此应当予以肯定（王利明，2016，页370）。《民法典》第1183条关于精神损害赔偿的规定，应当适用于医疗损害责任。

2. 过错

（1）概述

《民法典》第1218条"患者在诊疗活动中受到损害，医疗机构或者其医务人员有过错的，由医疗机构承担赔偿责任"确定了诊疗责任为过错责任。

有学者认为，诊疗责任中的过错仅指过失不包括故意，如果医疗机构及医务人员在诊疗活动中故意给患者造成损害，在民法上构成一般的侵权责任，而非诊疗责任（程啸，《侵权责任法教程》（第4版），2020，页292）。笔者认为，无论故意还是过失，都可以适用医疗损害责任。

诊疗行为由医务人员实施，作为诊疗侵权行为构成要件的过错也仅是要求实施诊疗行为的医务人员有过错。医疗机构承担的是雇主责任，有无过错在所不问。

（2）过错的认定

《民法典》对于诊疗行为过错的认定有以下三种判断方

法：（1）是否违反知情同意规则（《民法典》第 1219 条），（2）是否违反诊疗义务（《民法典》第 1221 条），（3）医疗过失的推定（《民法典》第 1222 条）。

首先，知情同意规则在大陆法系国家传统理论上，其作用体现为阻却"违法性"。未经同意而对他人身体实施医疗行为，即便是为了患者的利益，此医疗行为也具有违法性。为了阻却医疗行为的违法性，需要取得患者有效同意。患者的有效同意是建立在医生充分有效的说明基础上。我国学者在侵权行为构成要件上多不谈违法性，有时将违法性的问题放入过错之下讨论。对于违反知情同意规则，一些学者也认为是认定过错的一个标准。

其次，医务人员在诊疗活动中，未尽到与当时的医疗水平相应的诊疗义务的，认定其有过错。判断是否违反诊疗义务，应当以专业技术人员的标准来判断，即医务人员应当尽到一个专业技术人员所应有的合理技能与注意，否则就认定其具有过失。医务人员不能以自己缺乏经验和技术为由而降低自己的注意义务标准。

再次，依据《民法典》第 1222 条，有下列情况之一的，如果患者因诊疗活动遭受损害，推定医务人员具有过错：（一）违反法律、行政法规、规章以及其他有关诊疗规范的规定；（二）隐匿或者拒绝提供与纠纷有关的病历资料；（三）遗失、伪造、篡改或者违法销毁病历资料。

由于诊疗活动具有高度的专业性和复杂性，医疗机构人员必须严格遵循法律、行政法规、规章以及相关诊疗规范，以免给患者的生命权、健康权、身体权造成损害。一旦医务人员违反了上述规定，推定其对损害的发生存在过错（程啸,《侵权责任法教程》（第4版），2020，页295）。

第1222条第1项中的"法律、行政法规、规章"，是指由全国人大及其常委会、国务院以及国务院各部门发布的规范性法律文件，如《药品管理法》、《医师法》、《献血法》、《传染病防治法》、《医疗事故处理条例》、《医疗机构管理条例》、《血液制品管理条例》等。"其他有关诊疗规范"，是指基于维护公民健康权利的原则，在总结以往科学和技术成果的基础上，对医疗过程的定义和所应用技术的规范或指南。这些诊疗规范通常分为广义和狭义两种。狭义的诊疗规范，是指由卫生部、国家中医药管理局制定或者认可的与诊疗活动有关的技术标准、操作规程等规范性文件（《医疗机构管理条例实施细则》第88条第4款）；广义的诊疗规范除了狭义的诊疗规范外，还包括由全国性行业协会或行业学会（如中华医学会、中华护理学会）针对本行业的特点，制定的各种标准、规程、规范、制度的总称（程啸,《侵权责任法教程》（第4版），2020，页295-296）。

3. 因果关系

侵权法上，判断因果关系，通常从两个层面考虑，首先判断是否有事实上因果关系，如果存在事实因果关系，则进而判断是否有法律上因果关系；如果事实因果关系不存在，则直接认定为不存在因果关系。对于诊疗侵权行为的因果关系认定，也应采用这种判断方法。

在确定医疗过错与损害之间是否存在事实上的因果关系时，通常采用"如果没有"测试法则（but for test）。这一法则的核心是：如果没有被告的行为（包括作为或不作为），损害就不会发生，那么该行为就是损害的原因。反之，如果即使没有被告的行为，损害仍然会发生，那么被告的行为就不是导致损害的原因。因此，在判断医疗损害的因果关系过程中，需要分析：如果没有医疗过错行为，患者的损害是否还会发生（王利明，2016，页381）。这一分析有助于明确医疗过错是否直接导致了患者的损害，从而确定被告是否应当承担责任。

其次，法律上因果关系的判断，是从社会一般观念出发，如果可以确定有此行为通常有此结果，就认定存在法律上因果关系。法律上因果关系的判断不仅仅要考虑事实上存在引起和被引起的关系，还要考虑到当事人的可预见性、社会一般观念、损害的妥当分配等政策因素（王利明，2016，页381-382）。

《民法典》没有规定诊疗侵权的因果关系由患者还是医院举证。在此前的法律中，对此有过规定。《民事诉讼证据规定》（2001年12月30日公布）第4条第1款第8项及第2款规定："因医疗行为引起的侵权诉讼，由医疗机构就医疗行为与损害结果之间不存在因果关系及不存在医疗过错承担举证责任。""有关法律对侵权诉讼的举证责任有特殊规定的，从其规定。"按照该条规定，诊疗过失与损害后果之间是否存在因果关系由医院负举证责任。《侵权责任法》制定过程中，其草案最初规定了因果关系推定的规则，但生效的法律文本中并无相关规定。这是立法者在医患之间进行利益平衡的结果。《侵权责任法》第58条仅规定医疗机构过错推定情形，并没有规定因果关系推定，此乃立法者的有意沉默，即否定了《民事诉讼证据规则》中关于医疗损害责任因果关系举证责任倒置的规则（王利明，2016，页382-383）。现行有效的《民事诉讼证据规则》（2019年修正）亦删除了医疗损害中因果关系的举证责任倒置。因此，按照现行法，诊疗侵权的因果关系应当按照一般规则由患者举证。

（二）法律效果

根据《民法典》第1218条的规定，诊疗侵权行为虽由医务人员实施，但责任的承担主体却是医疗机构。

这里所说的医疗机构解释上应限于法人，其承担的责任是雇主责任。如果医生以个体工商户形式自己开个体诊所，此时，个体诊所不应被理解为"医疗机构"，此时医生自己是责任主体。如果医务人员非因执行工作上的事务而给他人造成损害，则医院并不承担雇主责任，而由医生本人承担责任（周友军，《侵权责任法专题讲座》，2011，页 407-408）。例如，医生在工作之外，私自给他人进行诊疗，应自担责任。医生在火车等交通工具上遇到突发疾病的患者而实施紧急救治，其所在医疗机构也不承担雇主责任。

某医疗机构执业的医务人员应其他医疗机构邀请，经过所在医疗机构的批准后，前往邀请机构外出会诊，在外出会诊中因诊疗行为造成患者损害的，由邀请的医疗机构承担责任（程啸，《侵权责任法教程》（第 4 版），2020，页 297）。

根据雇主责任的一般原理，医务人员非因故意或者重大过失执行职务过程中导致他人损害的，由医疗机构承担诊疗责任，医疗机构承担责任后不能向医务人员追偿。如果医务人员因故意或者重大过失导致诊疗责任，医务人员与医疗机构负连带责任，受害患者可以向医务人员和医疗机构任何一个主体请求赔偿，也可以同时向它们请求赔偿（周友军，《侵权责任法专题讲座》，2011，页 407）。医疗机构赔偿之后，能否向医务人员追偿，就此问题《民法典》没有直接规定，解释上应该适用雇主责任的一般规则，即医疗机构有权向具有故意或重大过失的医务人员追偿。

三、药品、消毒产品、医疗器械及血液缺陷所致侵权责任

（一）概述

因药品、消毒产品、医疗器械及血液缺陷导致患者损害的，实质上是产品责任。对于药品、消毒药剂、医疗器械缺陷导致患者损害适用无过错责任，理论上争议不大，主流观点都认为药品、消毒药剂、医疗器械属于产品，可以按照产品责任来处理。而对于血液缺陷导致患者损害的，能否适用产品责任，理论上存在争议。争议来自于"血液是否属于产品"这个问题。有学者认为，血液不符合"产品"的定义，对于血液的提供者不应让其承担无过错责任（王胜明（主编），《中华人民共和国侵权责任法释义》，2010，页296）。《民法典》第1123条明确了血液制品与其他医疗产品适用同样的责任规则，因血液缺陷导致患者损害的，医疗机构及血液提供者承担不真正连带责任。

（二）构成要件

医疗产品责任的构成，与其他产品责任的构成要件一样，要求产品存在缺陷、该缺陷造成患者人身等方面的损害，缺陷与损害之间存在因果关系。产品责任为无过错责任，产品生产者或提供者就产品缺陷是否有过错在所不问。

根据《产品质量法》（2018年修正）第46条的规定，

缺陷是指"产品存在危及人身、他人财产安全的不合理的危险；产品有保障人体健康和人身、财产安全的国家标准、行业标准的，是指不符合该标准。"

若果药品、消毒药剂、医疗器械符合了国家标准、行业标准的，是否就一定不属于缺陷产品呢？有学者认为，在强制性标准规定的范围以外，产品仍有可能具有不合理危险。对符合强制性标准的产品，仍应适用"不合理的危险"标准，即认定产品缺陷时应同时检查是否符合这两项标准，违反任何一项标准均属缺陷产品（奚晓明（主编），2010，页416）。

《民法典》第1123条规定的医疗产品责任，必须是在诊疗过程中发生的产品责任。如果没有进行诊疗，而只是出售药物或医用器械等，则医院纯粹只是一个产品的销售者，对其应当直接适用《民法典》侵权责任编第四章"产品责任"的规定。如果是在诊疗过程中因为医用产品缺陷造成患者损害的，才适用《民法典》侵权责任编第六章"医疗损害责任"的规定。因此第1223条所规定的"患者"，必须是到医疗机构进行诊疗的患者，而不是没有任何诊疗行为、单纯只是从医疗机构购买或者凭医生处方在外购买医用产品的患者（王利明，2016，页392-393）。例如，医疗机构医务人员给患者开具处方，患者凭处方到外面药店购买药品，此种情形不应该由医疗机构承担产品责任。

（三）法律效果

医疗产品缺陷导致患者损害的，患者可以向生产者或者血液提供机构请求赔偿，也可以向医疗机构请求赔偿。患者向医疗机构请求赔偿的，医疗机构赔偿后，有权向负有责任的生产者或者血液提供机构追偿。

《产品质量法》（2018 年修正）第 41 条第 2 款中产品生产者的免责事由能否适用于《民法典》第 1223 条医疗机构与医疗产品生产者或血液提供者？笔者以为，既然《民法典》第 1223 条也属于产品责任，在该条对免责事由未加排除的情况下，应该适用产品责任的一般性法规，所以《产品质量法》中关于产品生产者的免责事由于此也可适用。

根据《产品质量法》第 41 条第 2 款的规定可知，医疗机构和医疗产品生产者因下列情形免责：（1）生产者未将药品、消毒产品、医疗器械投入流通的。（2）药品、消毒产品、医疗器械投入流通时，引起损害的缺陷尚不存在。缺陷是在生产者脱离对产品的控制以后，在流通领域或者消费过程中引起的。（3）生产者将药品、消毒产品、医疗器械投入流通时的科学技术水平尚不能发现缺陷的存在。判断生产者是否知道或者应当知道产品投入流通时存在缺陷，应当以当时社会所具有的科学技术水平为依据，而不是依据生产者自身所掌握的科学技术为依据。只有当时社会的科学技术水平尚不能发现产品缺陷的时候，才能免除生产商的侵权赔偿责任。

四、泄露患者隐私和个人信息

（一）概述

患者隐私权是指，患者依法享有的对其隐私不被他人知晓、非法披露，不受他人侵害的权利（王利明，2016，页 416）。

患者个人信息的范畴更为广泛，有些信息可能不构成隐私，但获取信息的主体依法有不泄露信息的义务。例如医疗机构不得随意泄露患者的电话号码。

泄露隐私和个人信息所生侵权责任，也需要满足侵权行为的一般构成要件，即导致损害、侵权人有过错、侵权行为与损害之间存在因果关系。于此不再对这些要件特别说明。

（二）侵权类型

实践中侵犯患者隐私和个人信息的具体情形常表现为：

1. 超出知情范围刺探患者的隐私

在医疗过程中，患者应当如实向医务人员提供必要的信息，通常包括家族病史等，以便医务人员进行准确的诊断。然而，这并不意味着需要提供所有个人信息，而应限于有助于诊疗活动的必要资料。若医务人员超越职责，通过编造谎言获取患者或其亲属的信任，进而刺探、收集、记录个人信息，这种行为即构成对患者隐私和个人信息的侵犯（奚晓明（主编），2010，页436）。

2. 泄露、公开传播患者隐私和个人信息

在生活中，由于医务人员的特殊地位，有很多机会了解患者的隐私和个人信息，医务人员应当保护所获取的隐私和个人信息，不得违法泄露。以隐私或信息的类型为标准，可以分为以下几种情形（王利明，2016，页417-419）：

第一，患者的病历资料。病历是医疗过程中产生的，记录患者病情、病史、症状以及治疗进展和结果的文件集合。这些资料汇总了患者的疾病信息。个人通常不愿意公开自己的疾病，尤其是传染病，因为这可能影响社交，甚至导致他人歧视。对于肺炎、肝炎、宫外孕、肿瘤、性病等隐私性较强的疾病，患者更希望保护自己的隐私。例如，某位患者患有乙型肝炎，不愿意让他人知道，以免在工作和生活中受到歧视。如果医疗机构未经患者同意，向第三方泄露了他的病情信息，导致他在工作中被解雇或受到不公平待遇，那么医疗机构就可能构成对患者隐私权的侵害。对于一些企业经营者，健康状况还可能影响商业往来和公司信誉。例如，一位企业家被诊断出患有严重疾病，如果这一信息被公开，可能导致投资者失去信心，影响公司的股价和经营状况。因此，保护患者的病历资料至关重要。

然而，医疗机构为了疾病防控而向政府卫生部门报告患者的私人信息，并不构成侵权行为。这是因为公共卫生安全是社会整体利益，法律允许在特定情况下对个人隐私进行适当限制。例如，在新冠肺炎疫情期间，医院按照法律规定，及时上报确诊病例的详细信息，以便卫生部门采取防控措施。这种信息上报是法律赋予医疗机构的职责，旨在保护公共卫生安全，不属于侵犯患者隐私的行为。

第二，患者的生理信息。生理信息涵盖个人先天遗传和后天发育过程中形成的所有信息，例如身高、体重、血型、肤色和容貌等。其中，基因信息是生理信息的核心部分，对于基因信息，后面再详述，此处略过。例如，一位知名演员的身高、体重等信息可能会引起公众的关注，如果未经本人同意，医疗机构将其详细的生理数据公开，属于侵犯其个人信息。再比如，某人有先天性的生理缺陷，如胎记或疤痕，如果这些信息被未经授权地公开，可能给其带来心理压力和社会歧视。

第三，患者的身体隐私。身体隐私指个人不愿向他人展示的身体部位，特别是生殖器官或有残疾的部位。并非所有身体部位都属于隐私，但某些敏感区域涉及个人的名誉和贞操，尤其对女性而言更为重要。例如，在一次手术中，医疗人员对患者的隐私部位进行了必要的操作，但手术过程中有人未经许可拍摄了患者的裸露部位，并将照片上传至网络。这种行为严重侵犯了患者的身体隐私，给其造成了巨大的心理伤害。身体隐私还包括个人的裸体照片等。在治疗期间拍摄患者身体的照片或视频，未经同意擅自公开，属于侵犯隐私的行为。医疗机构和医务人员应当严格遵守职业道德和法律规定，保护患者的身体隐私。

第四，患者的基因隐私。基因是 DNA 分子上具有遗传功能的特定核苷酸序列，决定了个人从出生到死亡的生命全过程，以及所有生理特征和行为特性。随着基因技术的进步，基因隐私的重要性日益凸显。例如，某人通过基因检测发现自己携带有某种遗传疾病的易感基因。如果这一信息被保险公司获取，可能导致其被拒绝投保或被提高保费。又或者，用人单位在招聘时获取了应聘者的基因信息，以此决定是否录用，这都涉及对个人基因隐私的侵犯。基因信息不仅记录了个人的遗传密码和生命信息，还可揭示疾病史。一旦泄露，可能会导致"基因歧视"。因此，保护患者的基因隐私至关重要。医疗机构获取患者基因信息的，也不得泄露给其他机构或个人。

第五，患者及其家属的病史。患者的个人病史属于个人信息，而其家属的病史则涉及家庭隐私。这两者都属于法律应当保护的隐私权或个人信息的内容。例如，某患者家族中有遗传性精神疾病史，如果这一信息被他人知晓，可能影响其婚姻、就业等各方面的生活。当医疗机构掌握了相关病历资料时，必须妥善保护这些信息，确保他人的隐私权不受侵犯。医务人员不得私自向无关人员透露患者及其家属的病史信息，更不能将其用于商业目的。。

3. 医方擅自允许医学院实习生观摩对患者的治疗过程

医学生在进入临床实习时，为未来的职业生涯奠定了重要基础。这一阶段对于医生的培养至关重要，实习期间，资深医生通过实际病例向学生传授诊疗技能，使他们能够迅速掌握治病本领。因此，临床实习是医学生成长为合格医生的必经之路。然而，医院在组织实习生观摩医疗过程时，不能以牺牲患者的隐私权为代价。无论出于何种理由，进行观摩教学都必须事先取得患者的同意。医院可以请求患者的配合，但绝不能在未经允许的情况下安排实习生观摩，否则将构成对患者隐私权的侵犯，需承担相应的民事责任（奚晓明（主编），2010，页 437）。医疗教育和患者隐私保护并非不可兼得，例如有的医院在预约或挂号时便分成同意实习生观摩类和普通类，两种类别分别释放就诊名额。通常情况下，允许观摩的类别相较于普通类别挂号人数少因而更容易挂上号。这就让同意实习生观摩的患者能够快速就诊，同时也让实习生获得观摩实习机会；而不愿意被观摩的患者，也有正常的就诊通道，不会在未经其同意前提下由实习生观摩，其隐私得到保护。

（三）法律后果

《民法典》第 1226 条规定："医疗机构及其医务人员应当对患者的隐私和个人信息保密。泄露患者的隐私和个人信息，或者未经患者同意公开其病历资料的，应当承担侵权责任。"

侵害患者隐私导致患者损害，通常是精神损害赔偿。侵害患者隐私，往往会造成患者的社会评价降低，为其带来精神上的痛苦。例如，身患某种生理上的疾病，不愿为外人所知，一旦泄露，就会在社会上形成对其不良的评价，致使其在精神上遭受痛苦。不过依据《民法典》第 1183 条，精神损害必须达到严重的程度才能主张精神损害赔偿（王利明，2016，页 421）。

侵害患者隐私权的责任，由谁承担？有学者认为应由医疗机构承担（王利明，2016，页 419 以下；王胜明（主编），《中华人民共和国侵权责任法释义》，2010，页 317；杨立新，《侵权责任法》（第 4 版），2021，页 489）。

侵犯隐私权所须承担的民事责任主要包括停止侵害、恢复名誉、消除影响、赔礼道歉、赔偿损失及支付精神损害赔偿金。

五、违反"知情同意规则"

（一）概述

患者的知情同意权，是指在诊疗活动中具备同意能力的患者，在非强制状态下充分接受和理解各种与其所患疾病相关的诊疗信息，在此基础上对医务人员制定的诊疗计划自愿做出选择的权利。

知情同意权发端于美国，通过判例逐步确立知情同意规则，而立法过程肇始于《纽伦堡法典》

1. 知情同意权的判例发展过程

"知情同意"源自于英美法。美国关于知情同意纠纷最早的案例是 1905 年 Mohr v. Williams 和 1906 年的 Pratt v. Davis 案。第一个案件中法官认为，被告未经患者同意的手术行为至少在技术上相当于实施了身体侵害。第二个案件中，伊利诺斯州最高法院认为，原告把她自己置于被告的照管之下，被告没有得到原告的同意或授权，不能移走她的子宫。通常情况下，如果患者智力正常，和患者讨论他的病情不会给患者带来危险的结果，并且没有紧急情况存在时，获得患者对手术的同意是必须的，否则就是对患者人身的侵犯。

1914 年的 Schloendorff v. The Society of New York Hospital 案，医院未经患者的明确同意而将肿瘤切除，该案的 Cardozo 法官肯定了患者的"自主决定权"，认为"所有具有健全精神状态的成年人，都有决定对自己身体作何处置的权利，医生如不经患者同意而对其进行手术，则构成伤害罪，应承担损害赔偿的责任。"（王利明，2016，页 403）

20世纪中叶的Salgo v. Leland Stanford Jr. University Board of Trustees案（1957年），首次使用了"知情同意"（informed consent）这一概念。该案中，美国加州上诉法院 Bray 法官认为，如果医生未能将患者就所建议的治疗方案做出明智的同意所依赖的、必需的任何事实告知患者的话，他就违反了对患者的义务，并应承担法律责任。Salgo 案意义在于，明确"知情同意"并不仅仅是同意，医师负有向患者说明的义务，只有在患者得到医师充分说明基础上作出的同意才是有效的同意。自此知情和同意合二为一，使得"Informed Consent"成为一个法律上的概念（俞强，2011）。

2. 知情同意的立法发展

知情同意规则在立法上的发展，可溯源至纽伦堡审判制定的《纽伦堡法典》。第二次世界大战期间各国所进行的人体实验的恶行被揭发，普通民众对医师的权威不再尊重，父权医疗观念开始瓦解。《纽伦堡法典》第一条明确揭示："以人体为试验对象时，事先征得受试人志愿同意，乃绝对必要的条件，亦即，受试人必须具有行使同意权的法律权利，必须处在没有任何强迫、利诱、诈欺、虚伪、哄骗，或其他将来有强制、威胁意义的形式介入，而能够自由运用其选择权的情况下作决定的；尚须受试人对于所涉及的主题内容，具有充分的认识和理解，使其能做明智的抉择。"此条不仅确立了自我决定权的原则，且彰显了尊重患者与保障人权的观念，这些思想立即影响全球医学界（俞强，2011）。

1964 年第 18 次世界医学大会通过的《赫尔辛基宣言（Declaration of Lisbon on the Rights of the Patient）》采纳了《纽伦堡十项道德准则》的观点，正式确认了患者的自主决定的权利（Right to Self-determination）和知情权（Right to Information）。该宣言第 3 条规定："一个心智健全的成年患者，有权给予或者保留对医疗措施或者方法的同意。患者有权获悉其做出决定所必需的任何信息。患者应当明确知悉其所接受的任何诊疗措施的目的以及结果，以便患者能够拒绝适用这些措施。"这是对患者知情同意权的确认（王利明，2016，页 404）。

3. 我国关于知情同意权的立法

《侵权责任法》颁布之前，我国一些法律、行政法规、规章中规定了有关医务人员告知说明义务和患者知情同意权的内容，这些规定普遍为医疗机构所遵循，并取得了很好的实践效果。

《执业医师法》（已失效）第 26 条规定："医师应当如实向患者或者其家属介绍病情，但应注意避免对患者产生不利后果。医师进行试验性临床医疗，应当经医院批准并征得患者本人或其家属同意。"

《医疗事故处理条例》第 11 条规定："在医疗活动中，医疗机构及其医务人员应当将患者的病情、医疗措施、医疗风险等如实告知患者，及时解答其咨询；但是，应当避免对患者产生不利后果。"

《医疗机构管理条例》第 33 条规定："医疗机构施行手术、特殊检查或者特殊治疗时，必须征得患者同意，并应当取得其家属或者关系人同意并签字；无法取得患者意见时，应当取得家属或者关系人同意并签字。"

《医疗机构管理条例实施细则》第 62 条规定："医疗机构应当尊重患者对自己的病情、诊断、治疗的知情权利。在实施手术、特殊检查、特殊治疗时，应当向患者作必要的解释。因实施保护性医疗措施不宜向患者说明情况的，应当将有关情况通知患者家属。"

《侵权责任法》在总结以上立法的基础上，于第 55 条确认了患者的知情同意权。《民法典》第 1219 条沿袭了《侵权责任法》的规定。

（二）适用范围

医疗机构的说明义务的内容可以分为一般说明义务和特殊说明义务。

《民法典》第 1219 条规定："医务人员在诊疗活动中应当向患者说明病情和医疗措施"，这是对医疗机构在一般诊疗活动中应当对患者负有说明义务的规定。

特殊说明义务，是指在法律特别规定的特定类型的诊疗活动中，医疗机构所负有的说明义务。《民法典》第

1219 条规定:"需要实施手术、特殊检查、特殊治疗的,医务人员应当及时向患者具体说明医疗风险、替代医疗方案等情况,并取得其明确同意;不能或者不宜向患者说明的,应当向患者的近亲属说明,并取得其明确同意。"此处规定的是特殊说明义务。根据《医疗机构管理条例实施细则》第 88 条,特殊检查、特殊治疗"是指具有下列情形之一的诊断、治疗活动:(一)有一定危险性,可能产生不良后果的检查和治疗;(二)由于患者体质特殊或者病情危笃,可能对患者产生不良后果和危险的检查和治疗;(三)临床试验性检查和治疗;(四)收费可能对患者造成较大经济负担的检查和治疗"。

(三)知情同意规则的内容

1. 谁有同意权

(1)原则上患者有同意权

《侵权责任法》之前的法律法规虽然规定了患者及其家属有知情同意权,但对于由谁行使知情同意权,并不明确。例如《医疗机构管理条例》第 33 条规定:"医疗机构施行手术、特殊检查或者特殊治疗时,必须征得患者同意,并应当取得其家属或者关系人同意并签字;无法取得患者意见时,应当取得家属或者关系人同意并签字。"按照此条规定,则需要患者和家属共同同意。又《执业医师法》(已失效)第 26 条规定:"医师应当如实向患者或者其家属介绍病情，但应注意避免对患者产生不利后果。医师进行试验性临床医疗，应当经医院批准并征得患者本人或其家属同意。"按照此条规定，医务人员可以选择向患者本人或者向患者家属说明，相应的，知情同意权利人则为患者本人或者患者家属。

《侵权责任法》明确了知情同意权的权利主体是患者本人。原则上医务人员需要向患者本人说明情况，并需患者本人同意。仅"不宜向患者说明的"情况下，才由患者近亲属行使知情同意权。《民法典》沿袭了《侵权责任法》的规定。

（2）其他人

《民法典》第 1219 条规定"不能或者不宜向患者说明的，应当向患者的近亲属说明，并取得其明确同意。"。因此患者的近亲属在医务人员"不能或不宜向患者说明"时，可以行使知情同意权。

对于此处"不宜向患者说明"如何理解，有所争议。有认为"不适宜"包括以下情形：第一、患者不具有完全民事行为能力或者暂时丧失意识能力；第二、患者的病情决定了，不宜向其说明，例如，患者已到癌症晚期，告知其病情会影响治疗。此时，是否向患者的的近亲属履行告知义务，医务人员享有一定的裁量权；第三、患者明确指示医务人员，要求其向自己的近亲属履行告知义务并取得其同意（周友军，《侵权责任法专题讲座》，2011，页 417）。

也有认为，"不宜"仅指保护性医疗措施情形，即会造成患者悲观、恐惧、心理负担沉重，不利于治疗（王胜明（主编），《中华人民共和国侵权责任法释义》，2010，页281）。

也有认为（奚晓明（主编），2010，页398）"不宜"指：第一、民事行为能力受限：18周岁以下，不能辨认或者不能完全辨认自己行为的精神病人；第二、突然意识障碍；第三、心理脆弱。

笔者以为不能扩大解释本条的"不宜"。此处不宜应理解为保护性医疗措施。原因一：之前的立法，如《执业医师法》（已失效）第26条,《医疗事故处理条例》第11条，都强调告知义务应避免对患者产生不利后果，也就是保护性医疗。《医疗机构管理条例实施细则》第62条规定，保护性医疗可以告知家属。原因二：若将"不宜"解释成包含患者无民事行为能力和限制行为能力情形，与《病历书写规范》冲突，也与基本法理冲突。将"不宜"扩大到无民事行为能力和限制行为能力情形，按照侵权法，此类患者之知情同意应由近亲属为之；而按照基本法理，无行为能力人应由监护人代为同意。病历书写规范第10条也规定，不具备完全行为能力，应由法定代理人（即监护人）同意。

2. 有效同意以医务人员的充分说明为基础

患者的有效同意以医务人员的充分说明为基础。如果医务人员未尽到充分说明义务，则同意无效。

对于一般说明义务，主要包括两个方面的内容：一是告知患者病情。医务人员应当清晰地向患者说明其具体患有的疾病，以及病情的严重程度和可能的发展趋势。二是告知医疗措施。这意味着医务人员需要向患者介绍针对其病情可供选择的各种治疗方案，详细分析每种方案的利弊，并告知医疗机构拟采取的治疗计划。

一般说明义务的目的是让患者在充分了解自身健康状况和可选治疗方法的基础上，做出明智的决策。由于医患关系本质上建立在高度信任之上，患者通常对医疗机构和医务人员有着深厚的信赖。如果每一项医疗活动都必须事先获得患者的明确同意，可能会妨碍医疗工作的正常开展，反而对患者不利。因此，在一般情况下，医务人员只需向患者说明其病情和拟采取的医疗措施。如果患者未明确表示反对，医务人员即可进行相应的治疗。然而，若患者明确拒绝某项医疗措施，医务人员必须尊重其意愿，不得强行实施（王利明，2016，页407-408）。

对于特殊说明义务，医疗机构及其医务人员告知的内容，根据《民法典》第1219条的规定，应当是与患者的诊疗活动密切相关的内容，主要包括医疗风险、替代医疗方案等情况。

3. 有效同意的法律效果

从美国法上知情同意规则的发展来看，患者对自己的身体有"自主决定权"，"所有具有健全精神状态的成年人，都有决定对自己身体作何处置的权利，医生如不经患者同意而对其进行手术，则构成伤害罪，应承担损害赔偿的责任"（Schloendorff v. Society of New York Hospital, 211 N.Y. 125, 105 N. E. 92 (1914)；王利明，2016，页403）。美国法上对患者知情同意权的保护是以"身体权"为载体的。侵害患者知情同意权而实施医疗措施，是对身体的一种侵害。

德国法上对知情同意权的保护，有契约法上和侵权法上的保护。契约法上认为，医生负有说明义务，不履行说明义务而为医疗行为，属于债务不完全履行。侵权法上认为，医生违反说明义务，其责任基础在于医疗侵袭行为欠缺阻却违法事由（俞强，2011）。

我国学者对于知情同意权的性质有争议。有认为知情同意权是一项特殊人格权，是自我决定的人格利益和人性尊严。知情同意权的侵权责任是独立于诊疗过程中因医务人员过失而造成的对患者生命、健康、身体权利损害的侵权责任，即使是医学上毫无瑕疵的治疗也不能阻却未充分履行告知义务的侵权责任（奚晓明（主编），2010，页394-395）。也有认为知情同意权并不是独立的"权利"，违反知情同意规则属于诊疗侵权行为的"过错"构成要件（程啸，《侵权责任法教程》（第4版），2020，页297；梁慧星，2010，页37）。有认为，患者或近亲属同意具有阻却违法性的功能。但根据其观点，同意阻却的只是合理的诊疗侵袭的违法性而已，如果医务人员在实施医疗行为时具有过错，此种行为仍然具有违法性。此时患者不能依据知情同意规则请求赔偿，但仍然可以依据一般的医疗过错责任请求赔偿（周友军，《侵权责任法专题讲座》，2011，页420）。

如果医务人员依照法律规定履行了告知说明义务，并取得了患者或近亲属的同意，即便诊疗活动客观上确实给患者造成了损害，但只要医疗机构及其医务人员不存在医疗技术性过错，就无须承担侵权责任。反之，如果医务人员没有履行告知说明义务，给患者造成损害的，即便医务人员符合诊疗规范，无医疗技术性过错，仍应认定医务人员存在过错，依据《民法典》第1219条第2款，医疗机构承担侵权责任。

医疗机构医务人员尽到告知义务的，但在诊疗活动中造成患者损害的，并非一律不承担责任。第1221条规定，医务人员在诊疗活动中未尽到与当时医疗水平相应的诊疗义务，造成患者损害的，医疗机构应当承担赔偿责任（王胜明（主编），《中华人民共和国侵权责任法释义》，2010，页281-282）。

（四）知情同意规则的例外

1. 紧急情况下的例外

《民法典》第1220条规定："因抢救生命垂危的患者

等紧急情况，不能取得患者或者其近亲属意见的，经医疗机构负责人或者授权的负责人批准，可以立即实施相应的医疗措施。"该条款确定了医疗机构在紧急情况下可以不经过患者及其近亲属的同意就可以对患者采取相应的治疗措施的规则（周友军，《侵权责任法专题讲座》，2011，页415）。

2. 强制医疗

我国一些法律针对特定情形规定了强制医疗，例如《传染病防治法》、《强制戒毒法》等都规定了强制检查、强制治疗等。此时为了实现强制医疗的目标，不应当适用知情同意规则（周友军，《侵权责任法专题讲座》，2011，页415）。

六、过度医疗

（一）概述

过度医疗是由于多种原因引起的超过疾病实际需要的诊断和治疗的医疗行为或医疗过程。这个定义有两个要点：一是这种诊断和治疗对于该疾病是多余的、不必要的，甚至是有害的；二是过度医疗是一种行为或过程，不是指还未成为实践的诊疗计划或设想（王安富，2012，页139）。

过度医疗在我国医疗系统普遍存在，对于医患关系也有负面影响。《民法典》第1227条规定："医疗机构及其医务人员不得违反诊疗规范实施不必要的检查。"该条确立了医疗机构不得实施不必要的检查的义务。所谓不必要的检查，即过度检查，属于过度诊疗的一部分，而过度诊疗不仅仅会造成患者不必要的费用支出，而且还可能会耽误患者正常的治疗，并且可能对患者的身体健康造成其他的损害（例如过度进行 X 光透视造成患者的辐射受损）。针对实践中存在的过度检查给患者造成损害，《民法典》承继《侵权责任法》，专门规定了医疗机构及其医务人员不得进行过度检查的义务。从法律上看，该条规定并非完全的宣示性条款，如果医疗机构违反了该条规定，对患者进行过度检查并造成了患者的损害，则应当承担侵权责任。所以该规定对于保护患者的利益、缓解和预防医患之间的矛盾都是十分必要的（王利明，2016，页430）。

（二）过度医疗的侵权构成要件

1. 医务人员实施了过度医疗行为

过度医疗行为是对疾病诊疗不必要的医疗行为。判断一个医疗行为是否构成过度医疗，可以参考以下四点（王安富，2012，页139）：（1）诊疗手段是否超出疾病诊疗的根本需要；（2）是否符合疾病诊疗的规律和特点；（3）是否超出当时个人、社会经济承受能力和社会发展水平；（4）是否有利于病人的生理、心理的康复，而非损害。

过度医疗行为有以下几种基本类型（王安富，2012，页 141）：第一、过度实施诊断方法和手段。主要表现为医师在对患者疾病进行检查时，实施重复检查、用高档医疗设备作常规检查或者进行本没有必要的检查，亦即超越了医学界公认的可行的适宜的诊断方法和手段；第二、过度实施诊疗方法和手段。主要表现为医师在对患者疾病进行治疗阶段实施了不必要的治疗措施。对某些疾病的治疗采用了多余的、无效的、甚至有害的治疗方法和手段。其三、过度用药。其四、其他过度医疗行为，例如对属于正常生理范围的现象，或者虽有异常但这种异常可以通过自身条件很快得以恢复正常的现象进行的医疗干预，也应视为过度医疗。对某些死亡征兆已经很明显或死亡不可逆转的病人仍进行挽救生命的无效治疗。

2. 损害

过度医疗导致患者的损害既有财产损害也有人身损害。财产损害即支付了不必要的费用，从而使自己的财产受到减损；但患者的损害还可能是身体健康受到损害，因为检查也会对患者的身体造成一定的影响，有些检查甚至会对患者的健康产生比较严重的不利影响（王利明，2016，页 431）。

3. 医务人员存在过错

过度检查中医务人员过错的具体表现是：医疗机构及其医务人员违反诊疗规范，从事了不必要的检查。

4. 过度医疗行为与医疗损害之间存在因果关系

患方需举证过度医疗与损害之间存在因果关系。司法实践中通常也是由医疗鉴定来完成证明。

（三）法律效果

当医疗机构未能履行避免不必要检查的义务，导致患者受到损害时，应根据患者所遭受的具体损害类型承担相应的法律责任。

首先是财产损失：如果患者主要遭受的是经济损失，医疗机构应退还因不必要检查所收取的费用，并赔偿相关的经济损失。也就是说，患者有权要求返还多余支付的费用。

其次是人身损害：若医疗机构的行为导致患者的人身损害，则应承担人身损害赔偿责任。

再次是精神损害：在特殊情况下，不必要的检查导致患者健康严重受损，并引发精神上的痛苦，患者可以要求精神损害赔偿。例如，医疗机构让患者接受过多的放射性检查，结果导致严重的脱发和健康权受到严重侵犯，在这种情况下，患者有权主张精神损害赔偿（王利明，2016，页431-432）。

《民法典》第 1218 条

第一千二百一十八条　【医疗损害责任归责原则和责任承担主体】

患者在诊疗活动中受到损害，医疗机构或者其医务人员有过错的，由医疗机构承担赔偿责任。

一、规范目的

归责原则是侵权损害赔偿的核心问题之一。本条明确了医疗损害责任以过错归责为原则。本条是对《民法典》第 1165 条第 1 款过错归责原则一般规定在医疗损害赔偿中适用的确认。《民法典》第 1165 条第 1 款规定"行为人因过错侵害他人民事权益造成损害的，应当承担侵权责任"。该款体系位置在"侵权责任编"第一章即"一般规定"中。

本条还明确了医疗损害责任中，医疗机构的责任主体地位。但从法条文义难以判断，有过错的医务人员个人，是否对患者负损害赔偿责任；也看不出，医疗机构在赔偿之后，对有过错的医务人员是否有追偿权。这两个问题须借助其它法条解决，下文予以论述。

就本条是否构成医疗损害赔偿的请求权基础，存在不同观点。一种观点认为，本条为不完全法条，不是独立的请求权基础，仅仅表明了归责原则和责任主体（满洪杰，2020，页513）。另一种观点认为，本条是医疗损害责任的一般条款（最高人民法院民法典贯彻实施工作领导小组（主编），2020，页410）。

笔者以为本条构成独立的请求权基础。《民法典》侵权责任编医疗损害责任章有多个可以作为请求权基础的法条。例如，第1219条第2款就违反知情同意规则的损害赔偿规定、第1221条就诊疗技术过错的损害赔偿规定、第1223条就医疗产品责任的损害赔偿规定、第1226条就患者隐私和个人信息受侵害的侵权责任。从逻辑层面看，本条与上述四条的损害赔偿规定是一般与特殊的关系。案情情形符合特殊情形的，直接以特殊规定作为请求权基础；不符合上述情形的其它案件类型，可以本条作为请求权基础。

其次，民法典第1191条第1款与本条之间，形成一般情形与具体情形的关系。《民法典》第1191条第1款规定"用人单位的工作人员因执行工作任务造成他人损害的，由用人单位承担侵权责任。用人单位承担侵权责任后，可以向有故意或者重大过失的工作人员追偿。"该款是用人单位责任的一般条款。《民法典》第1218条是对用人单位责任在医疗机构用人情形的再次确认，并未改变规则。

二、立法沿革和比较法例

本条来源于《侵权责任法》第54条，内容上并无实质变化，表述上有细微变化。《侵权责任法》第54条表述为："患者在诊疗活动中受到损害，医疗机构及其医务人员有过错的，由医疗机构承担赔偿责任。"文字表述上，《民法典》第1218条将"及"改成"或者"，更加明确了医疗机构和医务人员，只要其中之一有过错，即有可能构成医疗损害赔偿责任。虽有语义上的差异，但并未造成法律理解与适用上的实质变化，于此不再赘述。

再往前追溯，在《侵权责任法》第54条生效之前，就医疗损害赔偿，存在过错推定和双轨制。这两种特殊情况，长期遭受批评，最终被《侵权责任法》第54条取代。下面对此作简要介绍：

其一，就医疗损害责任，司法实践曾一度采用的是过错推定原则。2001年《民事诉讼证据规定》第4条第1款第8项规定："因医疗行为引起的侵权诉讼，由医疗机构就医疗行为与损害结果之间不存在因果关系及不存在医疗过错承担举证责任。"

其二，医疗损害赔偿曾一度采用双轨制。双轨制是指，对于构成医疗事故的情形，赔偿责任适用《医疗事故处理条例》规定的赔偿标准；而对不构成医疗事故的其他医疗损害责任，适用《民法通则》第119条规定的赔偿标准。《医疗事故处理条例》（2002年9月1日施行）第49条第1款规定，"医疗事故赔偿，应当考虑下列因素，确定具体赔偿数额：（一）医疗事故等级；（二）医疗过失行为在医疗事故损害后果中的责任程度；（三）医疗事故损害后果与患者原有疾病状况之间的关系。"该法第50条"医疗事故赔偿，按照下列项目和标准计算：（一）医疗费：按照医疗事故对患者造成的人身损害进行治疗所发生的医疗费用计算，凭据支付，但不包括原发病医疗费用。结案后确实需要继续治疗的，按照基本医疗费用支付。（二）误工费：患者有固定收入的，按照本人因误工减少的固定收入计算，对收入高于医疗事故发生地上一年度职工年平均工资3倍以上的，按照3倍计算；无固定收入的，按照医疗事故发生地上一年度职工年平均工资计算。（三）住院伙食补助费：按照医疗事故发生地国家机关一般工作人员的出差伙食补助标准计算。（四）陪护费：患者住院期间需要专人陪护的，按照医疗事故发生地上一年度职工年平均工资计算。（五）残疾生活补助费：根据伤残等级，按照医疗事故发生地居民年平均生活费计算，自定残之月起最长赔偿30年；但是，60周岁以上的，不超过15年；70周岁以上的，不超过 5 年。（六）残疾用具费：因残疾需要配置补偿功能器具的，凭医疗机构证明，按照普及型器具的费用计算。（七）丧葬费：按照医疗事故发生地规定的丧葬费补助标准计算。（八）被扶养人生活费：以死者生前或者残疾者丧失劳动能力前实际扶养且没有劳动能力的人为限，按照其户籍所在地或者居所地居民最低生活保障标准计算。对不满 16 周岁的，扶养到 16 周岁。对年满 16 周岁但无劳动能力的，扶养 20 年；但是，60 周岁以上的，不超过 15 年；70 周岁以上的，不超过 5 年。（九）交通费：按照患者实际必需的交通费用计算，凭据支付。（十）住宿费：按照医疗事故发生地国家机关一般工作人员的出差住宿补助标准计算，凭据支付。（十一）精神损害抚慰金：按照医疗事故发生地居民年平均生活费计算。造成患者死亡的，赔偿年限最长不超过 6 年；造成患者残疾的，赔偿年限最长不超过 3 年。"《民法通则》（1987 年 1 月 1 日施行，已失效）第 119 条规定，"侵害公民身体造成伤害的，应当赔偿医疗费、因误工减少的收入、残废者生活补助费等费用；造成死亡的，并应当支付丧葬费、死者生前扶养的人必要的生活费等费用。"两者的赔偿额相差悬殊。

例如，按照《医疗事故处理条例》，发生医疗事故致人死亡的，赔偿范围不包括死亡赔偿金；而非医疗事故导致死亡的，适用民法规则时赔偿范围包含赔偿金。《侵权责任法》改变了这种双轨制赔偿模式，采取统一的赔偿标准，也即依据《侵权责任法》第 16 条进行赔偿。《民法典》沿袭了《侵权责任法》的规定。双轨制变为单轨制也在国务院颁布的较新的条例中得到确认。《医疗纠纷预防和处理条例》（2018 年 10 月 1 日施行）第 44 条规定，"发生医疗纠纷，需要赔偿的，赔付金额依照法律的规定确定。"该条将赔偿标准统一到法律层面。国务院制定的条例，性质上属于行政法规，不再对民事赔偿产生影响。是否构成医疗事故的鉴定结果，功能也限于行政调查处理，对民事赔偿不产生效力。

三、概念界定

（一）诊疗活动

本条将医疗损害责任适用范围限定于"诊疗活动中"产生的损害。"诊疗活动"在《医疗机构管理条例实施细则》（于 1994 年 9 月 1 日施行，2006 年第一次修正，2008 年第二次修正，2017 年第三次修正并自 2017 年 4 月 1 日起施行）第 88 条有其定义。但须注意的是，彼处的"诊疗活动"定义针对的是《医疗机构管理条例》（1994 年 9 月 1 日施行，2016 年修订并于 2016 年 2 月 6 日施行修订版，2022 年再次修订并于 2022 年 5 月 1 日施行修订版）及《医疗机构管理条例实施细则》中所使用的"诊疗活动"一词。至于《民法典》侵权责任编医疗损害责任一章所使用的"诊疗活动"能否完全照搬上述定义，则有待阐明。

根据《医疗机构管理条例实施细则》第 88 条第 1 项，诊疗活动是指"通过各种检查，使用药物、器械及手术等方法，对疾病作出判断和消除疾病、缓解病情、减轻痛苦、改善功能、延长生命、帮助患者恢复健康的活动。"第 88 条第 2 项单列"医疗美容"定义："是指使用药物以及手术、物理和其他损伤性或者侵入性手段进行的美容"，并将"医疗美容"与"诊疗活动"并列。从条文结构来看，没有将"医疗美容"纳入"诊疗活动"。

《医疗损害责任司法解释》（法释 [2017]20 号，最高人民法院 2017 年 12 月 13 日公布，2017 年 12 月 14 日施行；2020 年 12 月 29 日修正并于 2021 年 1 月 1 日施行）第 1 条第 2 项对该司法解释适用范围作了界定，"患者以在美容医疗机构或者开设医疗美容科室的医疗机构实施的医疗美容活动中受到人身或者财产损害为由提起的侵权纠纷案件，适用本解释。"据此可以看出，"医疗美容"所致损害也受医疗损害责任规范的调整。但应注意的是，此条的适用前提是医疗美容活动的发生场所，须在美容医疗机构或者开设医疗美容科室的医疗机构。就医疗美容业务，《医疗机构管理条例实施细则》第 4 条规定，"……美容服务机构开展医疗美容业务的，必须依据条例及本细则，申请设置相应类别的医疗机构。"

在解释《民法典》侵权责任编医疗损害责任一章的

"诊疗活动"一词时，应按照《医疗损害责任司法解释》，将该词解释为包括"医疗美容"在内。

对于没有行医资格而非法行医，不应适用医疗损害责任的规范，而应适用一般侵权责任规定。

（二）医疗机构

本条明确将医疗机构作为责任承担主体，至于医务人员个人是否也得作为责任承担主体以及何种情形承担责任，后文予以论述。此处要明确的是，作为责任主体的医疗机构，须具备哪些条件。

《医疗机构管理条例》第 2 条规定"本条例适用于从事疾病诊断、治疗活动的医院、卫生院、疗养院、门诊部、诊所、卫生所（室）以及急救站等医疗机构。"此条对医疗机构概念的阐明起到两方面作用：其一，功能上界定。依法条规定，医疗机构的功能是"从事疾病诊断、治疗活动"。其二，示例的功能。法条列举了目前社会上存在的属于医疗机构的各种组织形态。

《医疗机构管理条例实施细则》第 2 条规定"条例及本细则所称医疗机构，是指依据条例和本细则的规定，经登记取得《医疗机构执业许可证》的机构"。第 3 条对医疗机构的类别进行了列举："医疗机构的类别：（一）综合医院、中医医院、中西医结合医院、民族医医院、专科医院、康复医院；（二）妇幼保健院、妇幼保健计划生育服务中心;(三)社区卫生服务中心、社区卫生服务站;(四)中心卫生院、乡(镇)卫生院、街道卫生院;(五)疗养院;(六)综合门诊部、专科门诊部、中医门诊部、中西医结合门诊部、民族医门诊部;(七)诊所、中医诊所、民族医诊所、卫生所、医务室、卫生保健所、卫生站;(八)村卫生室(所);(九)急救中心、急救站;(十)临床检验中心;(十一)专科疾病防治院、专科疾病防治所、专科疾病防治站;(十二)护理院、护理站;(十三)医学检验实验室、病理诊断中心、医学影像诊断中心、血液透析中心、安宁疗护中心;(十四)其他诊疗机构。"此外,该法第4条规定,"卫生防疫、国境卫生检疫、医学科研和教学等机构在本机构业务范围之外开展诊疗活动以及美容服务机构开展医疗美容业务的,必须依据条例及本细则,申请设置相应类别的医疗机构。"

(三)医务人员

本条规定医疗机构须对医务人员的过错承担医疗损害责任,故有必要对医务人员这一概念做界定。医务人员是医疗机构的工作人员,但医疗机构的工作人员除了医务人员外,还包括其他人员。对于不属于医务人员的那些工作人员造成的患者损害,不应适用医疗损害赔偿的规定,例如医院的保洁、护工、保安等人员履行职务过程中造成他人损失的,不适用医疗损害赔偿责任的规定。

医务人员，是指经过考核和卫生行政部门批准和承认，取得相应资格及执业证书的各类卫生技术人员。就此，应注意两方面：其一，医务人员应当是卫生技术人员，非卫生技术人员不得从事卫生技术工作；其二，卫生技术人员只有按规定取得相应执业证书才能成为医务人员，未取得执业证书的不得从事诊疗、护理医疗活动。

依业务性质，医务人员包括：1. 医疗防疫人员（含中医、西医、卫生防疫、地方病及特种病防治、工业卫生、妇幼保健等技术人员）；2. 药剂人员（包括中药、西药技术人员）；3. 护理人员（包括护师、护士、护理员）；4. 其他技术人员（包括检验、理疗、病理、口腔、同位素、放射、营养等技术人员）。

四、责任主体

从法条文义看，医疗机构是医疗损害责任的承担主体。但从整个侵权法体系来看，本条属于雇主责任在医疗领域的特殊规定，就责任主体可能产生几个问题：1. 医疗机构承担责任的性质；2. 医务人员导致损害的，是否作为连带责任人；3. 医疗机构在赔偿后能否向有过错的医务人员追偿。

（一）医疗机构承担责任的性质

有学者认为，我国医疗损害赔偿主体为医疗机构而不是医务人员个人，这构成我国医疗赔偿责任的一个重要特色（满洪杰，2020，页515）。根据此种观点，若患者到医疗机构就医受到医疗损害的，唯一的责任承担主体是医疗机构，其实质为雇主责任，与其他立法例上医疗赔偿责任的性质均有不同（满洪杰，2020，页515；陈聪富，医疗机构法人组织与责任，2015，页230-232）。上述观点又被称为"替代责任"理论（最高人民法院民法典贯彻实施工作领导小组（主编），2020，页412）。

不同的观点认为，医务人员在一定情形下，也可成为损害赔偿的请求对象。持此观点的学者认为，如果医务人员故意侵害患者，其个人应承担一般侵权责任（程啸，《侵权责任法》（第2版），2015，页559）。也有学者认为，如果因医务人员故意或重大过失造成患者损害的，应与医疗机构承担连带责任（周友军，《侵权法学》，2011，页262）。

笔者以为，医务人员有故意或者重大过失的情况下，患者既可以向医疗机构也可以向医务人员个人请求损害赔偿；医疗机构承担损害赔偿后，可以向有故意或者重大过失的医务人员追偿。医务人员一般过失的情况下，患者仅得向医疗机构请求损害赔偿；医疗机构承担损害赔偿后，不得向医务人员追偿。

（二）院外会诊

某医院的医师，可能应其他医院的邀请，前往邀请医院参与会诊。《医师外出会诊管理暂行规定》第 2 条第 1 款对外出会诊作了界定，"本规定所称医师外出会诊是指医师经所在医疗机构批准，为其他医疗机构特定的患者开展执业范围内的诊疗活动。"医师受邀前往其他医院参与会诊，需要本单位的同意。依据《医师外出会诊管理暂行规定》第 2 条第 2 款，"医师未经所在医疗机构批准，不得擅自外出会诊。"

医师外出会诊是医疗实践中普遍存在的情形，受邀请医师有过错造成他人损害的，由邀请医疗机构承担赔偿责任。《医疗损害责任司法解释》第 20 条对此作了规定"医疗机构邀请本单位以外的医务人员对患者进行诊疗，因受邀医务人员的过错造成患者损害的，由邀请医疗机构承担赔偿责任。"这一规定符合会诊制度的法律构造。从法律关系来看，于会诊情形，会诊医师是为了邀请单位利益而参与诊疗活动，其法律关系类似《民法典》第 1191 条第 2 款的劳务派遣。根据该款规定"劳务派遣期间，被派遣的工作人员因执行工作任务造成他人损害的，由接受劳务派遣的用工单位承担侵权责任；劳务派遣单位有过错的，承担相应的责任。"因此，会诊医师因会诊行为造成患者损害的，应由邀请医疗机构承担赔偿责任。但受邀医疗机构本身有过错的，例如派出的医务人员缺乏资质，则受邀请机构就此承担责任（满洪杰，2020，页 516；王静，2011；江苏省南京市鼓楼区人民法院，（2006）鼓民三初字第 413

号民事判决书；江苏省南京市中级人民法院，（2007）宁民一终字第 741 号民事判决书）。

应与医师外出会诊相区分的是，多个医疗机构共同开展诊疗活动（满洪杰，2020，页 517）。此种情形，造成患者损害的，可能构成多数人侵权。《医疗损害责任司法解释》第 19 条规定："两个以上医疗机构的诊疗行为造成患者同一损害，患者请求医疗机构承担赔偿责任的，应当区分不同情况，依照民法典第一千一百六十八条、第一千一百七十一条或者第一千一百七十二条的规定，确定各医疗机构承担的赔偿责任。"

五、与医疗服务合同责任的关系

患者前往医院就诊，在患者与医院之间形成医疗服务合同关系。就此合同的性质，有学者认为其可以归入委托合同类型下（韩世远，2005，页 92）。委托合同的相关规定可以适用于医疗服务合同。也有学者认为医疗服务合同属于准委托合同，其理由是委托合同的规定并非全部可以适用于医疗服务合同，所以不能直接归入委托合同（艾尔肯，论医疗合同关系，2006，页 137）。更有学者认为医疗服务合同是无名合同（柳经纬、李茂年，2002，页 22）。笔者赞同将医疗服务合同归类到委托合同下。判断一个合同属于某有名合同还是无名合同，应考察的是待判定的具体合同是否具备某有名合同的特征。法律适用者"不应仓促地确认存在无名合同，而应首先努力尝试将待涵摄的合同归为某一（通常是非常宽泛且灵活的）有名合同类型之下"（梁神宝、胡剑（译），2024，边码2473）。一般委托作为劳务给付型合同的一种，其典型特征是：受托人以独立地位（不是作为雇员）向委托人提供劳务，受托人有依照合同约定处理委托人事务的义务，不负有交付特定工作成果的义务。依照我国《民法典》对一般委托的规定，其可以是有偿或无偿的。医疗服务合同中，医方负有提供诊疗服务的义务，不负有确保治愈（即工作成果）的义务，医务人员不是患者的雇员，符合上述一般委托特征，因而可以归入委托合同下。

医疗服务合同的双方当事人是患者与医院。依据医疗服务合同，医院负有提供合乎医疗技术标准的诊疗服务，并负有告知义务和尊重患者决定的义务（知情同意原则）。医院违反此等义务时，即构成违约。上述义务的违反，一般还会造成患者生命权、健康权等人身权损害，进而可能构成侵权责任。因此会出现违约责任与侵权责任的竞合。

就违约责任与侵权责任的竞合，《民法典》第186条规定："因当事人一方的违约行为，损害对方人身权益、财产权益的，受损害方有权选择请求其承担违约责任或者侵权责任。"因此，患者因诊疗行为受到损害的，可以选择违约责任或者侵权责任作为救济手段。这一观点也反映在《民事案件案由规定》中。《民事案件案由规定》一方面在"服务合同纠纷"下规定"医疗服务合同纠纷"的案由，另一方面在侵权责任纠纷中规定了"医疗损害责任纠纷"案由。患者因诊疗受到损害而提起诉讼的，可以选择其中一个案由。例如，在"张某某与浙江省某某医院医疗损害责任纠纷一案"（浙江省杭州市中级人民法院，（2012）浙杭民终字第1739号）中，上诉人认为被上诉人在诊疗中未尽到注意义务，存在医疗过失，上诉的案由为"医疗服务合同纠纷"；在"楼某、张某与上海某医院医疗损害赔偿纠纷一案"（上海市卢湾区人民法院，（2008）卢民一（民）初字第147号）中，原告认为被告医疗机构存在医疗技术过错并违反告知义务，以"医疗服务合同纠纷"为案由提起诉讼。在"陈某某与霍邱县第二人民医院侵害患者知情同意权责任纠纷案"（安徽省霍邱县人民法院，（2013）霍民一初字第01142号）中，案由则为"医疗损害责任纠纷"下的"侵害患者知情同意权责任纠纷"。

六、举证责任

医疗损害赔偿中患者与医疗机构之间举证责任的分配，经历了法律变迁：

2001年《民事诉讼证据规定》对医疗责任纠纷中因果关系和过错要件采用举证责任倒置的做法。该规定第4条第 1 款第 8 项规定"因医疗行为引起的侵权诉讼，由医疗机构就医疗行为与损害结果之间不存在因果关系及不存在医疗过错承担举证责任。"举证责任倒置虽然有利于患者，但是对医疗机构产生不利。医疗机构一方在诉讼中处于劣势地位，医患双方在医疗损害纠纷诉讼中的诉讼地位完全不平等，医疗机构几乎难逃赔偿的后果。司法实践中实行举证责任倒置暴露出来的问题，以及学界对举证责任倒置的批评（杨立新，医疗损害责任的因果关系证明及举证责任，2009，页 37），促使了举证责任分配的完善。

就医疗机构过错的证明问题，《侵权责任法》改变了之前的法律，该法第 54 条对医疗损害责任采过错归责原则。《民法典》第 1218 条延续了《侵权责任法》规定的过错归责原则。但在特定条件下实行过错推定，《民法典》第 1222 条规定了过错推定的几种情形"患者在诊疗活动中受到损害，有下列情形之一的，推定医疗机构有过错：（一）违反法律、行政法规、规章以及其他有关诊疗规范的规定；（二）隐匿或者拒绝提供与纠纷有关的病历资料；（三）遗失、伪造、篡改或者违法销毁病历资料。"

就医疗行为与损害后果间的因果关系问题，2019 年 12 月最高人民法院对原来的《民事诉讼证据规定》作了修订，修订后的民事诉讼证据规定删除了原第 4 条。从《医疗损害责任司法解释》第 4 条文义也可以看出，由主张医疗损害赔偿的患者承担因果关系的举证责任。

医疗行为具有高度专业性，就医疗行为是否有过错以及其与损害后果的因果关系问题，患者自身一般无法证明，通常交由医疗鉴定来查明。《医疗损害责任司法解释》第4条规定"患者依据民法典第一千二百一十八条规定主张医疗机构承担赔偿责任的，应当提交到该医疗机构就诊、受到损害的证据。患者无法提交医疗机构或者其医务人员有过错、诊疗行为与损害之间具有因果关系的证据，依法提出医疗损害鉴定申请的，人民法院应予准许。医疗机构主张不承担责任的，应当就民法典第一千二百二十四条第一款规定情形等抗辩事由承担举证证明责任。"

《民法典》第 1219 条

第一千二百一十九条　【医务人员说明义务和患者知情同意权】

医务人员在诊疗活动中应当向患者说明病情和医疗措施。需要实施手术、特殊检查、特殊治疗的，医务人员应当及时向患者具体说明医疗风险、替代医疗方案等情况，并取得其明确同意，不能或者不宜向患者说明的，应当向患者的近亲属说明，并取得其明确同意。

医务人员未尽到前款义务，造成患者损害的，医疗机构应当承担赔偿责任。

一、规范目的

本条确立了诊疗活动中的知情同意规则，以及违反该规则的损害赔偿责任。

本条第 1 款第 1 句确立了医务人员的一般说明义务。

第 1 款第 2 句前段规定了实施手术、特殊治疗、特殊检查时医务人员的特别说明义务，以及须取得患者同意。通过医方充分说明义务和须患者同意，个人自主决定权在医疗场景得到保障。第 1 款第 2 句后段规定了例外情况下，不能或者不宜向患者说明的，由患者近亲属代为同意。第 2 款规定了违反知情同意规则的损害赔偿责任。

本条为完全法条，提供了独立的请求权基础。第 2 款损害赔偿责任的前提是，医务人员违反知情同意规则。而第 1 款是对违反知情同意规则的说明性法条，具体描述了第 2 款中作为责任前提的医方说明义务和取得患者（或近亲属）同意义务。

二、立法沿革和比较法例

（一）立法沿革

知情同意规则首见于 1982 年卫生部规章《医院工作制度》第 40 项附录 6。1994 年《医疗机构管理条例》第 33 条和《医疗机构管理条例实施细则》第 62 条、1998 年《执业医师法》第 26 条都明文规定医院应当向患方告知医疗信息并应取得患方对医疗方案的同意。但无论是医疗实践还是司法实践都未因上述条文而重视知情同意规则。

《侵权责任法》第 55 条从私法的角度确立了知情同意规则，并将违反知情同意规则与损害赔偿关联起来。2017

年《最高人民法院关于审理医疗损害责任纠纷案件适用法律若干问题的解释》第5、17、18条对知情同意规则的适用做了进一步解释。《民法典》第1219条沿袭了《侵权责任法》第55条的规定。

本条沿袭《侵权责任法》第55条的同时，表述上作了一些修改。第1款第2句前段将"向患者说明……"改为"向患者具体说明……"，增加了"具体"一词。其次，第1款第2句中两处"书面同意"改为"明确同意"，患者同意不再必须以书面为之。第三，第1款第2句后段"不宜向患者说明的"改为"不能或者不宜向患者说明的"，文义辐射范围更广。

（二）比较法例

《德国民法典》第630a条以下规定了诊疗合同。第630c和第630e条规定了医方的说明义务，第630d条规定医方须取得患者同意的义务，这几条构成了德国法上医疗知情同意规则。

《瑞士民法典》和《瑞士债法典》并未直接规定医疗知情同意规则，但理论和司法实践都肯定知情同意规则。1.从合同视角来看，诊疗合同一般被认定为委托合同，依据《瑞士债法典》第398条第2款，受托人负有忠实谨慎处理委托事务的义务，医方的告知义务和取得患者同意的义务可以从该条推导出来（Pascal, 1999, S. 215）。另有学者认为从《瑞士债法典》第397条第1款委托人指示的权利，可以推导出医方须取得患者同意的义务，理由在于患者同意被看作是指示的一种（Vionnet, 2014, S. 39）。而患者有效同意，又离不开医方的充分告知，故告知义务也可从第397条第1款推导出来。2. 从侵权法视角来看，知情同意作为违法性阻却事由，可以阻却医疗侵袭行为的违法性。

《瑞士民法典》第377-378条规定了患者无识别能力时，由他人代为医疗同意的规则，医方应向有权代为同意者告知详情并取得其同意。这也从侧面映证了知情同意规则本身被瑞士法采纳。

（三）知情同意规则的发展

知情同意规则并不是自医疗行为产生之日便确立的规则。从历史来看，医疗领域一直以来是采"父权主义"的观念。在此观念下，医生决定采取何种医疗措施，患者对医疗措施并无自主决定权。理论上认为，成文法国家立法上对医疗"父权主义"观念的彻底抛弃，发生在第二次世界大战后。二战后，欧洲经历了从"父权主义"医疗观到"知情同意规则"的发展历程（Werner, 1992, S. 55 ff.）。第二次世界大战期间，各国进行人体试验的恶行被揭发，民众对医师的权威和道德产生质疑，父权医疗观念开始瓦解。第二次世界大战后的纽伦堡审判，制定了《纽伦堡法典》，该法典第 1 条明确规定"以人体为试验对象时，受试者的自愿同意绝对必要，……在其作出肯定决定之前，必须让他知道试验的性质、期限和目的，试验方法及采取的手段，可以预料的到的不便和危险，对其健康或可能参与试验的人的影响。……"

《纽伦堡法典》针对人体试验规定的知情同意规则，后来发展成为医患关系的基本准则，"知情同意规则"取代了"父权主义"的医疗观念。

英美一些判决则更早承认知情同意规则。例如，1767 年英国一则案件（Slater v. Baker and Stapleton (C.B. 1767)）中，外科医生未经患者同意对其进行骨折愈合而被起诉。法院认为，在实施手术前取得患者的同意是外科医生的惯例和法则。1905 年 Mohr v. Williams 案，1906 年 Pratt v. Davis 案，法院认为，未经患者同意的手术行为是对患者人身的侵犯。1957 年 Salgo v. Leland Stanford Jr. University Board of Trustees 案，外科医生未告知注射造影剂可能导致下肢瘫痪的风险，法院认为医生违反了义务，应承担法律责任。Salgo 案对美国知情同意规则的意义在于，知情同意不仅仅是同意，只有得到医生充分说明后作出的同意才是有效的同意，知情和同意合二为一。

三、知情同意的体系功能

学界对知情同意规则的体系功能，有着不同的观点。

第一种观点认为，医疗侵袭行为和其它人身侵害行为一样，具有违法性，患者有效同意是违法阻却事由（周友军，《侵权责任法专题讲座》，2011，页407；张谷，2010，页8）。因此，如果医生未取得患者有效同意而实施诊疗行为，即便诊疗过程已尽必要注意义务，仍应就诊疗失败负责。

第二种观点认为，未经患者有效同意而为医疗侵袭行为应被定位于过错要件下，此种观点被国内较多学者所采纳（梁慧星，2010，页37；张新宝，《侵权责任法》（第3版），2013，页204；程啸，《侵权责任法》（第2版），2015，页559以下）。此种观点是基于我国民法学界部分学者认为侵权责任不需要违法性要件，在这一前提下，知情同意规则只能被定位到过错要件下。依第二种观点，未经患者有效同意而为诊疗，诊疗失败则同时满足了损害、因果关系和过错的要件，侵权责任得以成立。

第三种观点认为患者在生命健康权之外有一个独立的自主决定权，它在医疗行为中体现为患者的知情同意权（杨立新，《侵权责任法》（第4版），2021，页477）。依此观点，患者知情同意权与身体健康权应受同样之保护，侵害患者知情同意权构成了独立的责任基础。

司法实践多以第二种观点作为裁判思路。虽有称"知情同意权"者，但仅是名称上的指称，实际并未把"知情同意权"作为一项独立于身体健康权的权利。违反知情同意规则且诊疗失败，赔偿范围包括人身损害和精神慰抚金。

若违反知情同意规则，但诊疗成功，未发生损害后果，患者能否请求精神损害赔偿，存在争议（周江洪，2011，页78以下；张谷，2010，页9；周友军，《侵权责任法专题讲座》，2011，页421）。

四、告知义务

（一）告知义务的内容

患者的有效同意以医方的充分告知为前提。医方告知义务所涉及的信息内容，并非都会影响患者作出是否医疗的决定。只有影响患者决定的信息才是知情同意规则中"知情"一词的内涵。而其他信息的怠于说明，虽然也会引起法律上后果，却非知情同意规则所能涵盖。学界将医生的说明义务区分为"介入性说明义务"（或称"自我决定的说明义务"）和"确保疗效的说明义务"（周江洪，2011，页80；张谷，2010，页8）。

"确保疗效的说明义务"是为了向患者说明应当如何行为和配合才能保证治疗的效果，并不是为了取得患者对医疗侵袭行为的同意。例如医生告知患者出院后要做康复运动以及禁忌事项，即属确保疗效的说明义务。确保疗效的说明义务属于医疗技术范畴，此项说明义务怠于履行，并不违反知情同意规则，而是构成医疗技术过错。

"自我决定的说明义务"一般可以分为诊断结果的告知、医疗风险的告知、预期医疗效果的告知和替代医疗方案的告知等义务。不过以上并未穷尽自我决定的说明义务的内容，随着司法实践的发展，尚有可能发展出新的内涵。《民法典》第1219条第1款对自我决定的说明义务的内容做了规定。

1. 对诊断结果的告知，要求医务人员向患者说明其所患何病、若不治疗病情会如何发展。在诊断某项疾病过程中，若发现其他可疑病征，应一并向患者告知，以便患者做进一步诊断来排查或者确诊。我国司法实践中"陈某某、萧某某与无锡市人民医院医疗损害责任纠纷案"（江苏省无锡市南长区人民法院，(2012)南民初字第1358号)中，患者前往医院诊疗，医院诊断为风湿性心脏并二尖瓣狭窄、主动脉瓣关闭不全、房颤、心功能Ⅲ级。对应的治疗方案是二尖瓣主动脉瓣联合置换术。事后患者家属获悉，早在二尖瓣主动脉瓣联合置换术前，已经初步诊断患者同时患有左颈部淋巴结恶性肿瘤（转移可能性)，但医务人员未告知此项病情。患者家属主张，由于未告知恶性肿瘤的诊断结果以及二尖瓣主动脉瓣联合置换术对恶性肿瘤治疗的负面影响，违反了知情同意规则。法院认为医院未尽到充分告知义务，对损害后果的发生具有过错。

2. 对医疗风险的告知，是为了让患者权衡风险和可能的疗效，权衡利弊后做出是否接受治疗的决定。何种风险需要告知、何种风险无须告知，需要理论给出指引。以下判断要点被学者提及：1、如果风险实现只会带来微小的伤害，则不用告知（艾尔肯，论医师的说明义务，2007，页147）。2、风险发生的概率极低则不用告知，但低到何种程度不用告知没有一个刚性的标准。此外，若风险一旦发生造成的损害十分重大（例如死亡或者瘫痪），则即便发生的概率较低也仍要告知此等风险。换言之，风险发生的概率和风险实现造成的损害严重程度共同影响是否要告知该风险（邓奕羿，2012，页66）。3、医疗指征越不明确的治疗方案对风险的告知要求越高。例如美容手术的风险告知义务要强于一般疾病治疗手段的风险告知义务（邓奕羿，2012，页66）。

笔者以上海市首例知情同意权案例（上海市第一中级人民法院，（2000）沪一中民终字第900号；陈福民、胡永庆，2003，页146-149）举例：1999年6月21日，陈某至上海医科大学附属眼耳鼻喉科医院就诊，诊断结论为：左眼复发性结膜囊肿（术后复发），需手术摘除。陈某于同月24日至武警医院行左眼脂肪瘤摘除术。1999年7月2日，陈某出院。术后陈某感到左眼上睑下垂，不能睁眼，遂又于同年10月19日再次至武警医院就诊，被收治入院，并于同月22日施行左眼上睑下垂矫正术。术后，陈某左眼能微睁，但仍受限。同月26日，陈某出院。随后，其至上海医科大学附属华山医院就诊，被告知其左上睑下垂系提上睑肌损伤所致。陈某遂以武警医院在治疗过程中有过错为由，向上海市长宁区医疗事故鉴定委员会申请进行医疗事故鉴定，该委员会于 2000 年 8 月 28 日出具鉴定书，内容为：（1）武警医院的诊断和治疗原则无不当；（2）病员目前左眼上睑下垂属术后并发症。鉴定结论为：本医疗事件不属于医疗事故范畴。

陈某以武警医院在术前未向本人告知手术风险为由，要求武警医院承担过错的赔偿责任。赔偿内容为：医疗费 3888 元、误工费 10000 元、残疾者生活补助费 178571 元、精神损失费 50000 元、交通住宿费 7541 元，共计人民币 250000 元。

一审法院认为，根据鉴定部门出具的鉴定结论不能证明武警医院在手术过程中具有过错，故陈瑞雪要求武警医院承担赔偿责任的要求难以支持。原告不服一审判决，提起上诉。

二审法院认为，医院的手术治疗技术上虽无过错，但医院未尽到风险告知义务，致使陈某丧失选择手术与否的机会，并造成严重后果，所以医院应当就此承担民事责任，承担责任比例为 80%。

上述案例，法院裁判的时候并未进行详细说理，读者也看不出来法院依据什么判断医院未尽到告知义务。但这并不意味着中国法院判案时不考虑前述那些因素。由于在判决中不作详细说理十分常见，亦有可能法官内心考虑了上述因素但未在判决书中说明。二审法院上海市中级人民法院法官陈福民和胡永庆就该案的评析发表在法学期刊上，期刊文章提及了一些评判标准："患者陈某作为一名未婚的女青年，如果对这一后果的内容和严重性充分'知情'的话，则可能会对手术的进行有不同的选择。因为这一后果会导致其容貌的被毁，从而影响到其日后的生活质量和人生轨迹。……该风险变为现实后所产生的后果是极为严重的……"（陈福民、胡永庆，2003，页146-149）。

3.医方应向患者告知预期医疗效果，以便患者权衡利弊做出是否接受医疗的决定。当治疗方案不能完全治愈疾病或仅仅是临时压制疼痛时，对此种效果的告知尤其影响到患者的决定。在医学上，常使用"预后"这一术语。医学上"预后"是指根据执业经验预测的疾病发展情况，一般分为自然预后和干预预后。自然预后是在未经治疗的情况下，对某种疾病发展过程及其后果的预测。

干预预后和自然预后结合起来告诉患者，使得患者能够通过比较，了解治疗和不治疗对疾病发展有何不同影响，从而做出治疗与否的决定。例如，对于自然预后良好的疾病，意味着即便不治疗也会自愈，这种情况下患者有可能会选择不治疗。对自然预后不良的疾病，若干预预后良好，则一般患者倾向于治疗，若干预预后也不良，意味着治疗措施可能对疾病起不到太多效果，此种情况下患者决定治疗的可能性降低。由此可见，对自然预后和干预预后告知后，患者充分了解和比较的情况下，能够更好的决定是否接受某项医疗措施。无论是自然预后还是干预预后未告知，都影响到患者的自主决定。

4. 医方应向患者告知替代医疗方案，何为替代医疗方案需要解释。学界提出以下判断是否构成替代医疗方案的考虑要素：1、目的相同，即替代医疗方案与医生所建议的医疗方案有相同治疗目的（李冬、常林，2013，页 54）。2、在医疗实践中被经常使用，那些只被个别医生使用的方案或者尚处于试验阶段的方案不是替代医疗方案（马新耀、张思兵，2012，页 72）。3、有疑义时，应以医学会、药学会等全国性权威行业协会制定的临床指南、诊疗规范作为鉴定依据，以判断是否构成替代医疗方案（李冬、常林，2013，页 54）。

我国有中医、西医等各种不同类型的医生。患者去看西医，西医是否有必要告知患者中医替代疗法？反过来若接诊的是中医，中医是否有必要告知西医替代方案？在一些欧美国家，医学的主流是西医，又称科学医学、学院医学。其内容是大学医学院授课范围，一个医生只有掌握这些医学知识，才能通过考核成为执业医生。与此相对的，还有补充医疗方案，常常是来源于其他国家的传统医疗方法。例如中医传统的一些疗法在德国、瑞士作为补充医疗方案。接诊医生的告知义务是仅及于其自身所在专业领域还是及于其他医疗领域呢？

以接诊的医生是西医医生为例，患者因其未告知替代的中医疗法而责难时，应明确相应的中医疗法是否构成接诊医生的专业基础知识。专业基础知识并非要求医生自己须有能力实施此种方案，而是仅仅要求医生了解存在此种治疗方案即可。如果在医生的学业生涯中，并无此等基础知识，则不应要求西医医生告知相应的中医医疗方案。但如果根据既有的医学知识体系，西医医生应当知道某种中医治疗方案在特定病症上具有较好的效果时，其应当告知此种替代方案。

有些医生可能既具有西医医师资质，同时也具有中医或者其他补充疗法的专业资质。则当补充疗法符合替代医疗方案的条件时，其应告知患者相应的补充疗法（Fink，2008，S. 141 f.）。例如，对于风湿病，现有的西医药物疗法并不能治愈，应当告知患者中医针灸等方法作为可能的替代医疗方案（Wiegand, 1994, S. 141）。

5. 须特别提及的是"经济方面的告知"。在医疗行为中，经济方面的告知义务主要体现为对医疗费用的事先告知。事先告知患者医疗费用，以便患者根据自身经济状况决定是否采取某项医疗措施。对医疗费用的告知会影响患者决定是否同意医疗措施，而但凡影响患者做出医疗决定的因素，都属于"知情同意"规则下应当告知患者的信息。从表面逻辑来看，违反医疗费用告知义务的，属于对知情同意规则的违反。

　　但深入分析便能发现上述结论的错误。首先，若患者主张医生若事先告知医疗费用，他就不会同意医疗措施。对此换个角度便是，如果不是出于经济方面的考虑，患者会像现在一样做出同意的表示。医生未告知医疗费用，对患者造成的后果是纯粹经济上的损失，与人身侵害无关（Deutsch & Spickhoff, 2014, N 454）。就医疗费用的损失单独做出赔偿即可。其次，医疗知情同意规则的宗旨在于防止患者人身受侵害。一方面，二战期间医生不经受试对象同意做人体医学实验，造成人道灾难，战后以知情同意规则防止医生不经同意采取任何人体侵袭性行为，将任何人体侵袭行为，即便是以医疗之名而实施的医疗侵袭行为，都等同于一般的身体伤害，以避免将来再出现此等灾难行径。另一方面，医疗行为是伴随风险的，有些医疗行为一旦失败可能带来极大的损害后果。对于患者来说，他需要在维持现状还是承受一定的风险之间考虑，或者在此项措施与彼项措施之间考虑其能接受的风险。医疗费用的告知与上述宗旨完全不符。医疗费用无论告知与否，只是影响了患者财产利益。只是这项财产利益的影响恰好伴随着接受还是不接受医疗措施的决定。

　　因此，"经济方面的告知"不是医疗知情同意规则下的告知义务的内容。从义务产生的依据来看，可以将医疗费用告知义务归入到委托合同，患者与医院之间基于特定的合同关系，医院基于该合同关系负有告知医疗费用的义务，性质上属于从给付义务（Bergmann & Wever, 2014, S. 132 f.）。

（二）告知对象

就医疗知情同意而言，患者的行为能力决定着由谁同意以及向谁告知。我国目前司法实务和主流观点都以法律行为能力作为医疗知情同意能力的判断标准，具备完全行为能力的患者是适格的告知对象。就限制行为能力人和无行为能力人，告知对象为其法定代理人。

对于完全行为能力人的患者，虽然原则上其本人作为告知对象，但例外的是"医疗特权"情形，应当由其近亲属作为告知对象。

五、患者同意

对医疗行为，原则上由患者自行决定是否同意。但同意必然涉及到意思的形成，需要患者本人具备一定程度的意思能力，在医疗知情同意规则下，学者称能独立决定是否接受医疗行为的能力为同意能力。同意能力的判断标准，在我国学界有两种不同的观点。一种观点认为，具有完全民事行为能力的人才能有效同意（王利明，2016，页411；周友军，《侵权责任法专题讲座》，2011，页417）。在我国，除了16周岁以上以自己劳动收入作为生活来源的未成年人具有完全民事行为能力外，其他未成年人都不具有完全民事行为能力。这些人不能决定自己的医疗方案。另一种观点摒弃以法律行为能力作为评判同意能力的标准，代之以识别能力（或称意思能力，本文统一称为识别能力）来判断患者是否有能力决定医疗方案。此种观点大大扩展了能独立决定医疗方案的患者范围，患者的自主决定权在这种情形下得到最大程度保障。

我国司法实践中目前仍采民事行为能力作为患者能否有效同意的判断标准。例如，在"李新芳、开封新区（金明区）妇幼保健院侵害患者知情同意权"一案（河南省高级人民法院，(2018) 豫民申 1986 号；河南省开封市中级人民法院，(2016) 豫 02 民终 1506 号），一审、二审、再审法院都以原告患有精神分裂症，为限制行为能力人为由，认可患者丈夫替代患者作为手术同意权人。法院的裁判思路也即，限制民事行为能力人不具备同意能力。从裁判文书来看，在认定患者本人是否具备同意能力时，识别能力并未被法院作为判断标准。

六、举证责任

《医疗损害责任司法解释》对知情同意的举证责任做了规定，《医疗损害责任司法解释》第 4 条规定，"[1] 患者依据民法典第一千二百一十八条规定主张医疗机构承担赔偿责任的，应当提交到该医疗机构就诊、受到损害的证据。

[2] 患者无法提交医疗机构或者其医务人员有过错、诊疗行为与损害之间具有因果关系的证据，依法提出医疗损害鉴定申请的，人民法院应予准许。[3] 医疗机构主张不承担责任的，应当就民法典第一千二百二十四条第一款规定情形等抗辩事由承担举证证明责任。"。该解释第 5 条规定"[1] 患者依据民法典第一千二百一十九条规定主张医疗机构承担赔偿责任的，应当按照前条第一款规定提交证据。[2] 实施手术、特殊检查、特殊治疗的，医疗机构应当承担说明义务并取得患者或者患者近亲属明确同意，但属于民法典第一千二百二十条规定情形的除外。医疗机构提交患者或者患者近亲属明确同意证据的，人民法院可以认定医疗机构尽到说明义务，但患者有相反证据足以反驳的除外。"

从《医疗损害责任司法解释》第 4 条、第 5 条来看，可以总结出以下举证规则：

首先，应由医疗机构举证其是否尽到说明义务并取得患者或者患者近亲属明确同意，或者属于《民法典》第 1220 条可以免于告知的情形。医疗机构做初步证明后，若患者不同意医疗机构的主张，其也可以举证证明医疗机构在告知说明内容、形式等方面存在不足之处以证明未尽到告知义务。

其次，对于诊疗行为是否确实存在以及损害发生的事实，应由患者负举证责任。

第三，对于违反知情同意规则与损害后果之间的因果关系，根据一般证明责任标准进行分配，由主张该事实的一方即患者方举证。

由于医疗行为具有高度专业性，对于医疗损害、是否尽到告知义务并取得患者同意以及违反知情同意规则与损害后果间的因果关系，通常由医疗鉴定机构来鉴定。

《民法典》第 1220 条

第一千二百二十条 【紧急情况下知情同意的特殊规定】

因抢救生命垂危的患者等紧急情况，不能取得患者或者其近亲属意见的，经医疗机构负责人或者授权的负责人批准，可以立即实施相应的医疗措施。

一、规范目的

本条是紧急情况下知情同意规则行使的特殊规定。一般情况下，对患者的诊疗需要取得其同意，即便是不能或不宜向患者说明的情形，也应向患者近亲属说明并取得其同意。在非紧急情况下，上述规则可以得到良好运行，不会产生太大的价值矛盾。因此，在一般情况下，医务人员不能代替患者及其近亲属做出医疗决定。

但现实中的情形复杂多样，除了常态之外，医疗中紧急情况并不少见。在患者生命垂危亟需抢救时，患者本人事实上往往是无法成为知情同意主体的，若其近亲属当时不在身边的话，此时亦不可能等待近亲属到来后征询其同意再诊疗。在急救情形，医疗救治的急迫性与知情同意的执行需要一定时间这两者间存在冲突。若固守知情同意而不做特别规定，有悖社会主流价值观念。因此《民法典》第 1220 条对这一情形做了特别规定。

本条的规范意义在于授权医方在未取得患方知情同意的情况下，及时采取诊疗措施。若属于第 1220 条情形的，即便未履行告知义务并取得患方同意，医方也不违背知情同意规则，其行为在没有医疗技术上过错时，不具有违法性。

紧急情况下，若医方以未取得患方知情同意为由拒绝进行救治，造成患者损害时，是否应当承担侵权责任，这不在该条规定范围之内（杨立新，民法分则侵权责任编修订的主要问题及对策，2017）。《医疗损害责任司法解释》（2020 年修正）第 18 条第 2 款后段创设了医方怠于实施医疗措施时患者的损害赔偿请求权，条文内容为"医疗机构及其医务人员怠于实施相应医疗措施造成损害，患者请求医疗机构承担赔偿责任的，应予支持。"

二、立法沿革和比较法例

（一）立法沿革

本条沿袭了《侵权责任法》第 56 条的规定，没有文字上的变动。医疗实践中，一直以来遵照《医院工作制度》（1982 年 4 月 7 日卫生部发布）第四十条"手术室工作制度"所附施行手术的几项规则中第 6 项的规定，即"实行手术前必须由病员家属、或单位签字同意（体表手术可以不签字），紧急手术来不及征求家属或机关同意时，可由主治医师签字，经科主任或院长，业务副院长批准执行。"《执业医师法》（2009 年，已失效）第 24 条亦规定"对急危患者，医师应当采取紧急措施进行诊治；不得拒绝急救处置。"上述两个规范性文件中的法条，都是对紧急情况下医生救治义务的规定。

（二）比较法例

《瑞士民法典》第 379 条（德文原文为"In dringlichen Fällen ergreift die Ärztin oder der Arzt medizinische Massnahmen nach dem mutmasslichen Willen und den Interessen der urteilsunfähigen Person"）规定了紧急情况下医生无须取得患者及其代理人的同意，可依据"推定的患者意思"以及"患者利益"对无识别能力的患者进行紧急救治。

《德国民法典》第 630d 条第 1 款第 4 句（德文原文为 "Kann eine Einwilligung für eine unaufschiebare Maßnahme nicht rechtzeitig eingeholt werden, darf sie ohne Einwilligung durchgeführt werden, wenn sie dem mutmaßlichen Willen des Patienten entspricht."）对紧急情况下知情同意的免除做了规定。依据该规定，如果一项医疗措施无法推迟但又不能及时取得同意，则医生可以不必取得患者及其代理人意见而直接依据可推定的患者意思实施医疗措施。

三、规范内容

（一）适用范围为紧急情况

条文明定在"抢救生命垂危的患者等紧急情况"，这是该条适用的前提。从条文结构看，"紧急情况"是适用范围的界定，"抢救生命垂危的患者"是示例。紧急情况并非仅限于示例所言的抢救生命垂危的患者这一种情形。但法条不可能穷尽列举所有具体情形，故而采用示例加抽象概念的技术处理，在遇到其他情况时，判断是否属于本条所言的紧急情况，还要根据条文目的和医疗急迫程度等具体情况进行判断。

紧急情况下知情同意规则的例外规定，其正当性一方面在于对人生命健康权的保护。疾病的出现和发展往往不是人能预料和控制的，有些疾病的救治存在着时间上的急迫性，若不及时治疗，将影响到患者生命健康，此种时间上的急迫性决定了不能无限的等待患者或者其近亲属同意后再治疗（满洪杰，2020，页535）。换言之，在生命健康价值和知情同意规则所保护的自主决定权之间，立法者在紧急情况下优先选择了患者的生命健康价值。其正当性另一方面在于，根据日常生活经验和主流价值观念，当生命健康面临急迫的危险的时候，患者一般都会选择救治，因此可以推定一般人在这种情况下，都会同意医生先做紧急救治（杨秀仪，2007）。最后，紧急救治并没有直接违背患者明示的意思。紧急救治是在患者无法表达或未明确表达其意思的情况下，出于急救目的而做出的行为。若在急救之前或者急救时患者表达了拒绝的意思，则不适用该条的规定。

有学者从无因管理的角度来论证紧急救治的正当性（吴志正，2006，页274）。《民法典》第979条规定了无因管理制度，无因管理的要件包含了无法定或约定义务、为了他人利益、不能取得他人意思、符合推定的他人真实意思。紧急救治情形，医生为了患者的生命健康利益，不能取得患者或其他有权决定人的意思，符合推定的真实意思。至于是否无法定义务，可能会产生争议。《医师法》（2022年3月1日施行）第27条第1款规定，"对需要紧急救治的患者，医师应当采取紧急措施进行诊治，不得拒绝急救处置。"此前的《执业医师法》也做了相同规定。这一规定能否作为医师的法定义务从而否定无因管理在急救中的适用呢。笔者以为，在本文语境下，可以搁置这一问题。此处讨论的是紧急救治的正当性，为避免患者利益而实施紧急救治，在满足后三个条件的前提下，无论有法定义务还是没有法定义务，乙方都应实施救治，阻却了医疗行为的违法性（满洪杰，2020，页536）。

紧急情况，指的是患者的病情或伤情等存在急迫的重大风险，来不及告知患者相关信息并征求其意见，如不立即采取抢救措施，会对生命和身体健康造成重大不利后果。其要素包含以下几点：第一，时间紧急，按照医学标准属于必须尽快采取医疗措施的情形。第二，病情严重，如果不及时治疗会导致严重的不利后果，例如可能导致死亡或者其他不可逆的身体伤害。对于病情严重到危机生命这种情形，法条已经以示例方式明定其属于紧急情形。例如，某患者因交通事故导致脑出血或者大动脉破裂，此时应立即采取医疗措施才有可能抢救其生命（最高人民法院民法典贯彻实施工作领导小组（主编），2020，页439）。但有些时候，不立即救治，可能并不导致生命危险，但会导致严重的不可逆的身体伤害，例如手指被机器割断，如果立即采取救治措施有可能续接上，保存住完整的手指。如果超过一定的时间，断指失去生物活性，则无法续接，病人将失去被割断的手指。这种情形也属于本条所言的紧急情况。

（二）不能取得患者或者其近亲属意见

紧急情况下的救治，医疗机构也须尊重患者及其近亲属明示的意思。如果患者本人明确表达拒绝救治，此时医方在确认患者有行为能力的前提下，应当尊重患者意思，而不能以医学标准上对患者有益来替代患者自主决定。如果近亲属的意见能够取得的，也应取得其意见。只有在时间急迫，无法取得患者或者其近亲属意见的情况下，医方才能免于遵守知情同意规则。

就不能取得患者意见，可能存在多种情形：

第一，患者无行为能力或当时无识别能力。由于我国法律对患者自主决定权行使要求患者具备完全行为能力，如果患者不具备该能力，即便其表达相应的意见，该意见也不能作为医方决策的依据。另一方面，对于完全行为能力人，如果送医救治时昏迷或有其他丧失识别能力的情形，客观上无法取得其意见。

第二，患者有能有效表达其意思，但保持沉默，既不明确同意也不明确拒绝。急救情况下患者的沉默如何理解，有学者认为可以将此时的沉默理解为同意（王岳，2008，页19；龚赛红、董俊霞，2009，页62）。笔者以为，此项解释过于超越基本原理。民法中的沉默，仅在法律规定、当事人约定或者依交易习惯可以认定为肯定的意思表示时才能作为肯定的意思表示，否则一般应理解为拒绝或者没有任何意思表示。患者有能力表达意见但沉默，鉴于紧急救治的特殊性，至多可以理解为患者意思无法取得，医方仍应寻求患者近亲属的意见。当患者近亲属的意见也无法取得时，可以按照《民法典》第 1220 条的规则采取救治措施（王竹，解释论视野下的侵害患者知情同意权侵权责任，2011，页 99-100）。

第三，患者明确表示拒绝。当患者有行为能力但明确表示拒绝救治或者拒绝某些医疗措施时，应当尊重其决定。医生不能以挽救其生命为由，违背患者的决定进行救治。例如，当患者于车祸后被送往医院，由于失血亟需输血，但患者由于其所信仰宗教原因，在医生表明需要输血时明确拒绝输血，此时应当尊重患者的决定（龚赛红、董俊霞，2009，页 66）。

若患者无行为能力或者暂时丧失识别能力时，此时由患者代理人做决定，当无法取得代理人意见时才能适用《民法典》第 1220 条。不同情形下，代理人范围有所区别。当患者无行为能力时，一般会设置监护人，监护人同时也是其代理人。若只是暂时性丧失识别能力，不会为其设置监护人，此时医疗决定由近亲属代为。《医疗损害责任司法解释》第 18 条第 1 款就紧急情况下不能取得患者近亲属同意做了解释，"因抢救生命垂危的患者等紧急情况且不能取得患者意见时，下列情形可以认定为民法典第一千二百二十条规定的不能取得患者近亲属意见：（一）近亲属不明的;（二）不能及时联系到近亲属的;（三）近亲属拒绝发表意见的;（四）近亲属达不成一致意见的;（五）法律、法规规定的其他情形。"对于前两项规定,比较容易理解,一般为近亲属不在现场,在紧急情况下也无法有足够时间联系近亲属。对于近亲属拒绝发表意见,指的是能够联系到近亲属并履行了医疗告知义务,但近亲属不做同意与否的表示,此时应认定为近亲属放弃自主决定权,医方有权实施必要的紧急医疗行为(满洪杰,2020,页537)。第四项近亲属意见不一致这种情形,一般以在场的近亲属意见不一致为准,无须通知全部近亲属。在近亲属意见不一致的情况下,依据该司法解释的规定,也看作不能取得近亲属意见,医院可以实施紧急救治。第五项是兜底条款。考虑到社会生活复杂性,将来可能出现目前无法预料到的新的情形,因此设立了兜底条款,赋予司法裁判者更多自由裁量权,也为医方实施紧急救治提供了兜底保障。

在不能取得患者意见时,若患者近亲属明确表示拒绝救治,但该救治从医学角度看,明显违背患者本人利益,此时医方应当如何抉择?从现行法律条文看,无论是《民法典》的表述还是《医疗损害责任司法解释》的条文文义,都要求医方在患者意见无法取得时应当尊重患者近亲属的意见。患者近亲属明确表示拒绝救治,无论如何不能归属于"不能取得其意见"的范畴。此种情况下,医生会陷入一种困境。一方面,若听从患者近亲属意见不实施救治，患者可能丧失生命或者造成巨大不可逆伤害，从医学角度看是难以接受的；另一方面，若违反患者近亲属意见进行救治，可能面临一系列法律纠纷。我国现行法律体系对这种两难困境并没有一个明确的解决方案，而根据《民法典》第1220条和《医疗损害责任司法解释》第18条第1款，文义解释的结果都是应当尊重患者近亲属的意见，哪怕该意见损害了患者利益。

我国学界对上述两难困境有所探讨。有学者认为，近亲属的代理决定权不能被滥用，当紧急情况下近亲属拒绝治疗的决定损害了患者的利益，此时医生仍然可以进行救治（周友军，《侵权责任法专题讲座》，2011，页415；王利明，2016，页415），理由是患者的生命健康权优先于代理人的同意权（王利明，2016，页415）。但这种观点明显与现行法文义不符，只能作为一种应然法，而不能作为实然法对待。

比较法上，一般以患者利益作为行使代理决定权的限制因素。即医疗决定代理人做出的医疗决定应当符合患者自身的健康利益，不能违背患者利益滥用代理权，否则医疗机构可以不遵守代理人的意见。在非紧急情况下，医疗机构可以向有权机关报告并取得有权机关的批准后实施医疗救治；在紧急情况下，医疗机构可以直接救治。例如，《瑞士民法典》第378条第3款规定了代理人行使医疗代理权时应当符合患者可推知的意思以及患者利益。第379

条规定，紧急情况下医生应当依推定的患者意思及符合其利益，采取相应的医疗措施。

（三）经医疗机构负责人或者授权的负责人批准

在符合前述紧急救治实体要件的情况下，实施救治还需通过一定的审核批准手续。本条从我国医疗机构的管理实践出发，规定须医疗机构负责人或者授权的负责人批准后，才能实施救治。此种规定，一方面是授权医疗机构建立内部的批准流程。一般来说，医疗机构负责人是医疗机构最高层级管理人员，法律授权其有批准的权利，而无须再报其他行政管理部门审批，也即批准的权利授权给医院。另一方面，医疗机构负责人不可能事事亲为，本条允许其将批准的权利授予其他人员。通常情况下，医院内部都会建立自己的审批制度，根据内部的审批流程，未经患者或其近亲属同意实施紧急救治，一般按照内部审批流程通过即可。此种程序上的要求延续了《医疗机构管理条例》第33条、《医疗纠纷预防和处理条例》第13条和《侵权责任法》第56条的规定（满洪杰，2020，页539）。

四、参与公共场所急救服务

在公共场所有时可能发生患者突然晕倒或者其他紧急情况，若医生正好在场，其是否有义务参与救治？《基本医疗卫生与健康促进法》第27条第2款规定，鼓励医疗卫生人员参与公共场所急救服务。但该条并未给义务人员设定必须救治的义务。医务人员在执业场所外遇到紧急情况，可以选择参与救治或者不参与救治。若医生选择救治，此时其是以普通公民身份参与急救，而不能以医患关系来论处。

《医师法》第14条规定了医师应当在医疗机构中执业，从事相应的医疗卫生服务，在公共场所提供急救服务不是医生的本职工作。在非执业期间，出于助人为乐的朴素情感，以普通公民身份发挥医学专业技能，为他人提供急救服务，符合《民法典》第184条规定，"因自愿实施紧急救助行为造成受助人损害的，救助人不承担民事责任。"从性质上来看，医生在公共场所紧急救助属于无因管理性质的，其不承担责任的前提是满足无因管理相关的要件，若未尽到必要的注意义务，仍可能要承担相应的责任。

五、责任承担

依据《医疗损害责任司法解释》第18条第2款，在紧急情形，不能取得患者或其近亲属意见的，医务人员经医疗机构负责人或者授权的负责人批准立即实施相应医疗措施，患者因此请求医疗机构承担赔偿责任的，不予支持。需要注意的是患者诉请理由是以违背了知情同意规则为由请求医方承担赔偿责任，不予支持。但若医方存在技术上的过错甚至发生医疗事故，此时患者以医疗技术过错为由请求损害赔偿的，不能一概否定其诉请（最高人民法院民法典贯彻实施工作领导小组（主编），2020，页446）。

《医疗损害责任司法解释》第18条第2款后段规定，医疗机构及其医务人员怠于实施相应医疗措施造成损害，患者请求医疗机构承担赔偿责任的，应予支持。医疗机构本身有急救的法定义务，在未取得患者同意的前提下，医方尚能以患者未同意所以不实施救治为由来抗辩，但在法律明确无须取得患者同意的情况下，医方无法以此为由为其不实施救治寻找抗辩理由。在不能取得患者或其近亲属意见的情况下，医疗机构有义务实施救治，怠于采取相应救治措施导致他人损害的，属于不作为侵权或者违约，应当承担赔偿责任。《民法典》中对此并无明文规定，《医疗损害责任司法解释》创设了该规定。

六、举证责任

该条是对《民法典》第1219条知情同意规则的一个例外规定。患者主张医方未履行知情同意规则，要求医方按照第1219条第2款承担损害赔偿责任时，本条可以作为医方的一个抗辩理由。医方可以主张构成本条的情形因而免于履行知情同意手续，其目的是否定第1219条第2款的请求权基础，应由主张存在该条事由的当事人即医方负举证责任。因此，医方应当证明具备本条构成要件并履行了程序性要求。

《民法典》第 1221 条

第一千二百二十一条 【未尽诊疗义务】

医务人员在诊疗活动中未尽到与当时的医疗水平相应的诊疗义务，造成患者损害的，医疗机构应当承担赔偿责任。

一、规范目的

本条是关于诊疗义务判断标准的规范。从条文结构上来看，本条构成一个完全性法条，重申了发生医疗技术性过错时，患者的损害赔偿请求权。即便将本条看作完全法条，但本条的主要功能不在于新创设一个请求权基础，而在于确定医疗实践中医务人员的诊疗义务标准，为确定医疗技术性过错提供界定标准。至于未尽到注意义务应当承担赔偿责任的表述，与《民法典》第 1218 条即医疗损害责任的一般规定并无不同，是对一般规定的再次确认。也是对《民法典》第 1165 条即侵权责任中过错责任一般规定的再次确认。

二、立法沿革和比较法例

本条承继自《侵权责任法》第 57 条，在《民法典》编纂过程中条文内容无变化。

对于诊疗活动中医务人员过错的界定，在现代侵权责任法上，无论是大陆法系还是英美法系，注意义务都是侵权责任的核心要素，是界定过失的基准。

例如，在罗马法中，就曾以"善良家父"标准作为判定行为人有无过失的标准。而"善良家父"则是一个细心的、谨慎的、勤勉的人的标准。在大多数大陆法系国家中，违反注意义务是指未能像一个善良家父，即一个细心的、谨慎的、顾及他人的人在同样的外部情况下所为的行为（满洪杰，2020，页541）。

英美侵权法上的注意义务，是指行为人应采取合理的注意而避免给他人的人身或财产造成损害的义务。被告的行为是否为过失行为，其客观的判断标准就是理性人的标准，即在同样的或同种情况下人们通常所达到的注意程度。同时，在英美侵权法中，虽然注意义务是一种法定的义务，但是，并不是任何不谨慎的行为都构成侵权，也并非任何损害都可以获得法律上的补偿，只有那种没有尽到合理的谨慎，并造成了不合理危险的人，才可能负有过失侵权的责任。

美国法院司法判例对于诊疗义务的认定具有一定的变动性。一开始规定本地原则，即以当地医生的水平作为标准。因为早期信息流通不发达，不同地区间的医疗水平差异悬殊，并没有统一的全国性标准供所有的医生遵循。目前绝大多数法院改采全国性标准（最高人民法院民法典贯彻实施工作领导小组（主编），2020，页451），这也是基于医学知识流通和医学教育标准化的现实情况而做出的应对。各地区的医生都需要学习标准的医学课程，通过医师资格考试，通过学习和考试，选拔出了符合国家标准的医生，地区间的差异缩小。

《德国民法典》第630a条第2款就诊疗义务的标准做了一般性规定，"应当根据诊疗时存在的被普遍认可的专业标准进行诊疗，但另有约定的除外"（Die Behandlung hat nach den zum Zeitpunkt der Behandlung bestehenden, allgemein anerkannten fachlichen Standards zu erfolgen, soweit nicht etwas anderes vereinbart ist）。

三、诊疗义务

（一）诊疗义务作为医疗机构义务之一

本条规定的是诊疗义务的判断标准，但诊疗义务只是医疗机构义务之一，是其主给付义务。但在医患关系中，医疗机构除了诊疗义务外，还有其他义务，例如医疗告知义务、保护患者隐私与个人信息义务、安全保障义务、提供发票或者票据义务等。这些义务不在本条诊疗义务范围内。

（二）"当时的医疗水平"作为诊疗义务是否完全履行以及过错的判断标准

1. 诊疗标准的体系功能

从医患双方的医疗服务合同角度来看，该合同的主给付义务是医方提供诊疗服务，患方支付医疗费。从性质上来看，医疗服务合同属于委托合同，根据《民法典》委托合同一章第 929 的规定，有偿的委托合同，因受托人的过错造成委托人损失的，委托人可以请求赔偿损失。在医疗领域，诊疗行为未按照一定的标准进行意味着受托人存在过错。

另一方面，医疗服务合同中，医疗机构的主给付义务更精确的说是提供符合一定标准的诊疗服务。如果医疗机构未提供的服务未达到这样的水准，意味着其未完全履行合同义务，属于违约。

因此，诊疗服务所需达到的标准，对于医疗服务合同而言处于核心的位置，既是判断医疗机构是否违约的标准，也是判断医疗机构是否存在过错的标准。

当医患双方不存在医疗服务合同时，从侵权责任的角度看，无论医疗机构是基于法定义务而实施诊疗行为还是基于无因管理实施救治行为，其都应提供达到一定水准的医疗服务，若诊疗措施未达到相应标准，医疗机构的行为被认定为具有过错。在认可"违法性"作为侵权责任构成要件的语境下，医疗机构未达到水准的诊疗行为还具有违法性。而达到一定水准之后，便可消除行为的违法性和过错，医疗机构不必承担损害赔偿的后果。因此，对医疗机构的诊疗活动应达到何种水准，是医疗责任中技术性原因所致损害赔偿责任的核心概念。

2."当时的医疗水平"作为诊疗标准

当时的医疗水平应当从医学的角度进行判断，常常依赖各种诊疗规范。当时的医疗水平应当是当时在医疗临床实践中成熟的被广泛采用的医疗措施。在现代医学中，存在许多诊疗规范，这些规范对于促进医疗活动的标准化起到至关重要的作用，对于医疗损害鉴定也起到重要作用（曾见，2024，页155）。但对于这些规范的功能的认识，尚存在一定的不足；对于这些诊疗规范与法律的强制性规定关系，认识尚不明确。从效力层次的角度看，可以将诊疗规范区分为必须遵守的强制性诊疗规范、应当遵守的权威性诊疗规范和可以遵守的参考性诊疗规范。下面就这三种诊疗规范分别予以说明：

第一，必须遵守的强制性诊疗规范体现了立法机关的意图，属于法律上的强制性标准。无论哪个领域哪个行业，强制性标准都是公民不可违背的。强制性标准的适用具有刚性，当事人不可以通过约定的方式排除强制性标准的适用。在医疗领域，属于强制性诊疗规范的，除了各种法律法规和规章（例如《医师法》、《医疗纠纷预防和处理条例》《医疗技术临床应用管理办法》等）外，还有基于这些规范性文件的授权而制定的强制性诊疗规范，例如《职业性莱姆病的诊断》（GBZ 324-2019）、《污水中新型冠状病毒富集浓缩和核酸检测方法标准》(WS/T 799-2022) 是分别依据《职业病防治法》和《传染病防治法》而制定的强制性诊疗规范（曾见，2024，页 155）。违反强制性诊疗规范的，一般直接认定为存在过错。

第二，应当遵守的权威性诊疗规范，通常是医疗各个领域权威性的指导文件。制定这些诊疗规范的通常是各个领域的协会、学会或者国家卫生行政部门的职能部门。这些机构没有立法权，无法制定法律和强制性标准，但基于其在医学领域的行业地位，其制定的标准具有权威性。这些标准对医生的影响力不是通过法律强制施加的，而是通过间接途径施加的。例如，产生医患纠纷时，对医疗行为的鉴定，通常以这些权威性诊疗规范为标准，因此，他们对医生的行为起到重要影响作用。属于此类权威性诊疗规范的有：专业出版社出版的权威教科书（例如人民卫生出版社出版的《外科学》《内科学》等教材）、中华医学会、中华口腔医学会、中华护理学会制定的各种临床指南和专家共识（曾见，2024，页155）。由于医学的高度专业性，非专业人士难以对其技术标准进行评价，需要借助医学行业本身的各种诊疗规范由医疗专业人士进行鉴定，这些诊疗规范数量庞大，超过强制性诊疗规范。例如，在"李明霞与李燕琼、李招璇等医疗损害责任纠纷案"（广东省广州市中级人民法院，（××16）粤01民终7889号）中，鉴定机构认为，根据人民卫生出版社《内科学》、《类风湿关节炎诊断及治疗指南》、《实用内科学》、《临床诊疗指南-风湿病分册-中华医学会》、《新编药物学》等文献，均无应用甲氨蝶呤治疗类风湿性关节炎每天一次，连续用药的方法。司法实践中法院对鉴定意见并不做实质性审查，若无鉴定程序违法一般都采纳鉴定意见。从这个过程可以看出，权威性诊疗规范通过医疗鉴定程序影响到对医生是否存在诊疗过错的判断，而鉴定意见一般会被法院采纳进而影响到医疗机构的责任承担，简而言之，权威性诊疗规范影响医疗机构责任承担。

第三，可以遵守的参考性诊疗规范，对临床诊疗活动有一定指导意义，但约束力较弱。这类诊疗规范通常涉及的是一些前沿性学术研究或者外国的诊疗规范，其还未被我国权威性诊疗规范所吸收。就前沿性学术研究而言，其发布者可能是医学专家个人、科学团体、或者国际组织。其表现形式可能是医学论文、专著等。从区分标准上看，此类诊疗规范与权威性诊疗规范相比，发布主体不同，权威性诊疗规范的发布主体一般是我国的医疗行业重要的协会、学会，专业的出版社出版的统编教材，而参考性诊疗规范发布主体是这些之外的其他人或组织。从区分效果上来看，权威性诊疗规范通常在医疗鉴定中发挥影响力，鉴定人依据权威性诊疗规范中的标准来判断医疗行为是否存在技术性错误；鉴定人不会依据参考性诊疗规范做这样的判断。参考性诊疗规范的主要作用在于，当医生面对当前尚无有效疗法的疾病时，他可以以参考性诊疗规范为依据，实施新的治疗方案。一旦发生医疗纠纷时，他可以以存在参考性诊疗规范为理由，对其所实施的诊疗行为做出辩护，主张其行为不存在诊疗过错。

参考性诊疗规范的用途，尤其体现在超说明书用药领域。2021年出台的《医师法》第29条第2款明确规定超说明书用药。根据该规定，"在尚无有效或者更好治疗手段等特殊情况下，医师取得患者明确知情同意后，可以采用药品说明书中未明确但具有循证医学证据的药品用法实施治疗。医疗机构应当建立管理制度，对医师处方、用药医嘱的适宜性进行审核，严格规范医师用药行为"。立法上对超说明书用药的规定，使得医疗机构和医生进行超说明书用药时有法可依。医疗机构按照法律规定的适用情形和程序超说明书用药时，无须承担医疗损害赔偿责任。此条文中的循证医学证据包括参考性诊疗规范。

3. 地域性和机构间的水平差异是否应当考虑

此外，在审判实践中，认定"当时的医疗水平"是否需要考虑医疗机构及其医务人员资质及地区差异等参考性因素，存在肯定说和否定说两种不同的意见：肯定说认为，应当考虑上述参考性因素，这既符合我国客观实际情况，又符合当前的学界共识；否定说则认为应采用同一标准，不应考虑其他参考性因素，以统一法律的适用，体现对当事人人身、财产权利的平等保护。《医疗损害责任司法解释》第 16 条采纳了肯定说，在判断医务人员是否因违反"当时的医疗水平"而存有过错时，应当依据法律、行政法规、规章以及其他有关诊疗规范进行认定，但可以综合考虑患者病情的紧急程度、患者个体差异、当地的医疗水平、医疗机构与医务人员资质等因素。详述如下：

第一，患者病情的紧急程度、患者个体差异。如我国《民法典》第 1224 条规定，在抢救生命垂危的患者等紧急情况下，医疗机构若已经"尽到合理诊疗义务"则可不承担赔偿责任，而对于一般的医疗损害责任中的诊疗义务却没有这一表述，该条的规定可理解为在患者情况紧急时，该诊疗义务只要合理，医疗机构就可免责（杨立新，最高人民法院关于审理医疗损害责任纠纷案件适用法律若干问题的解释》条文释评，2018，页 46-47），这也是鼓励医疗机构积极履行救死扶伤职责所必须的。同样，患者个体差异，其为呱呱婴儿还是高龄老人，在有关疾病诊疗护理方面，医疗机构应尽更高的注意义务，对于一些罕见病或者过敏体质者也要有不同的注意义务，这在医疗损害责任的过错认定上，也要有所考虑。

第二，医疗水平的地域因素和医疗机构资质条件。通常情况下经济落后地区的医疗机构在资金、技术、人才、药品等方面都不同程度地落后于经济发达地区，两者在整体医疗水平上存有差异，尤其是偏远的乡镇卫生院或者村卫生所等的医疗水平无法与综合性大医院相比，但该类基层医疗机构却处于救治病患的第一线，对于诊疗过错的认定，若一概采取普遍的医疗水平标准认定诊疗过错，无疑会加重经济落后地区和基层医疗机构以及医务人员的负担，不利于甚至阻遏当地医疗卫生事业的发展。因此，"医疗水平"应根据实施医疗行为所处的本地区同类或者类似医疗机构进行该诊疗行为的医疗专业水准来认定。

第三，关于医务人员的资质。就医务人员中的医师来说，可以分为全科医师与专科医师。所谓全科医师，是指不分诊疗科别为患者实施医疗行为的医师；所谓专科医师，是指以特定诊疗科为范围，仅在该科范围内为患者实施医疗行为的医师（郭升选、李菊萍，2008，页128）。就我国医疗体制现状而言，虽然对医师实行统一的临床执业医师资格制度，但较正规的医疗机构都实行专科医师制度，内设内科、外科、儿科等不同的科室，而在医疗卫生条件比较落后的地区，更多的是全科医师。那么，在认定

"医疗水平"时，专科医师和全科医师一般应当有所区分。

第四，个案的具体因素。"当时的医疗水平"并不是简单与"医疗常规"或者"通常情况下"的对某一种疾病的诊疗方案进行比较，而应当考虑个案中诊疗的具体情况，包括病患病情的特征、诊疗手段的特殊性、时间的急迫性等。在此基础上，运用临床医学的知识和经验，假定在完全相同的情况下，一个医疗服务提供者以最符合病患利益为原则，合理谨慎地做出诊断和治疗，以之作为参照标准，判断医疗过错的有无（窦海阳，2015，页170）。

在司法实践中存在的一种错误倾向是将诊疗行为是否符合"医疗常规"作为判断过错的标准。"医疗常规"是医务人员在临床实践中形成的通用惯例，作为医务人员的广泛参考，它通常表现为对病症的一般诊断和治疗方法的描述（最高人民法院民法典贯彻实施工作领导小组（主编），2020，页454）。正因为医疗常规仅是对病症通常情况的总结，没有也不可能对千差万别的个案情况完全列明，在实际诊疗过程中，医务人员必须根据个案的特殊性确定合适的诊疗方法。若将诊疗行为完全以医疗常规来判断过失，无疑降低了医务人员应有的注意义务，故其不能作为判断医疗水平的标准，只能作为参考因素之一。

四、责任主体和因果关系

(一)责任主体

从法条文义看,医务人员未尽到诊疗义务,承担责任的是医疗机构。医疗机构是医疗损害责任的承担主体,其所承担的是替代责任,这一点与《民法典》第 1218 条一致,是对第 1218 条责任承担主体的再次确认。从整个侵权法体系来看,本条属于雇主责任在医疗领域的特殊规定。医疗机构与医务人员之间属于劳动关系(我国医疗机构多为公立医院,从某个角度而言,医疗机构与医生之间的关系可能是事业编制内的聘用合同关系,而不是一般劳动关系,但聘用关系与劳动关系的区分是从编制管理的角度而言,就责任承担的角度看,两者并无区分,雇主为雇员执行职务所致他人损害承担责任,故此处不去细究这种区分),一方为用人单位,一方为工作人员,当工作人员因执行职务而造成他人损害时,因其行为属于用人单位的行为的延伸,其后果理应由用人单位承担。因此,当医疗损害赔偿责任各构成要件均已满足时,医疗机构就应承担损害赔偿责任。比较法上,有的国家司法判例认为公立医院导致患者损害的,适用国家损害赔偿责任,例如瑞士联邦法院持此见解(BGE 122 III 101 E. 2; BGE 102 II 45 E. 2a; BGer 6P.50/2005 vom 27. Oktober 2005 E. 1.2.),这种见解也引起该国学界批评。从我国目前的实践来看,公立医院独立承担雇主责任，不宜将其对外责任纳入国家损害赔偿责任。医务人员故意或重大过失致患者损害时，医疗机构和医务人员承担连带赔偿责任，医疗机构赔偿后可向医务人员追偿；医务人员一般过失致患者损害时，仅医疗机构承担责任，医务人员不承担责任（参见第1218条评注内容）。

（二）因果关系

实际的医疗侵权纠纷中，存在多因结合或竞合导致一个整体性损害的情况，该种情况的"原因"具有复数性且在种类上具有复杂性（郑永宽，2020，页84）。

多因致害往往意味着难以清晰认定特定致害因素究竟造成多大比例或部分的损害，如若医疗机构的加害行为对损害结果的发生并没有起到全部作用，但仍一刀切的由医疗机构承担所有损害赔偿责任，显然欠缺妥当性，与自己责任的基本法理相背离。此时，在理论与实践中引入原因力规则，正是为了解决多因致害时特定归因主体损失承担数额的问题，以合理确定医疗机构的损害赔偿责任的范围。

我国医疗损害赔偿司法实践，大部分案件采纳医疗鉴定的结果，采取"参与度"或"原因力"概念来解决医疗损害赔偿案件。但医疗鉴定中的"参与度"或"原因力"，并不能完全取代因果关系判断。

医疗鉴定中的"参与度"，一方面考虑没有治疗情况下疾病自身发展状况, 另一方面考虑治疗错误情况下的状况 (刘晔, 2013, 页 49), 将二者比较。而法律上针对医疗损害赔偿案件的因果关系, 无论是"比例责任"或者"机会丧失"理论还是"全有全无"因果关系, 一方面考虑正确治疗情况下患者的状态, 另一方面考虑治疗错误情况下的状况。法院审理时, 并不需要知道"不治疗情况下发生相同损害的可能性", 而是想知道"正确治疗情况下仍发生损害的可能性"。

例如在严重刀伤后去医院治疗, 存在医疗过错, 最终死亡。有两种意见 (吴东, 2014, 页 86 以下): 一种认为, 严重刀伤本身即可导致患者死亡, 错误治疗只是诱发因素, 过错原因力轻微, 可承担 25% 责任; 另一种观点认为, 患者死亡是因医疗过错这个客观因素和自身的严重损失共同作用导致死亡, 医方承担 50% 或以上责任。此案从法律角度看, 需要考虑"若正确治疗, 患者仍会死亡的可能性有多大", 如果正确治疗通常不会死亡, 那么按照"因果关系"全有全无来处理, 医方应当承担全部损害责任。如果正确治疗, 仍有不低的死亡可能, 那么医方不用承担全部责任, 可以由法官根据鉴定结论自由裁量医方承担责任的比例。前面第一种意见得出鉴定结论, 则不能用于司法实践, 因为其比例划分并非司法上的责任承担比例。第二种结论医方承担 50% 或以上的责任, 如何得到这个比例的, 则未说明, 如果是根据医学知识, 此类严重刀伤即便正确治疗也会有不低的概率死亡，那么这个鉴定结论中的比例可以作为责任分担考虑的因素。笔者以为，若医方没有数据显示即便正确治疗也会死亡的概率，那么最好不要用精确的数字表示参与度。责任承担的比例应由法官裁量（刘鑫，医疗损害鉴定之因果关系研究，2013，页351）。

但司法实践中以及医疗相关立法中普遍承认原因力规则。我国通过立法、司法解释在某些方面规定了原因力规则。2002年《医疗事故处理条例》第49条第1款与2003年最高人民法院《关于审理人身损害赔偿案件适用法律若干问题的解释》第3条第2款，均涉及按照原因力确定责任的规定。2017年最高人民法院《医疗损害责任司法解释》第11条规定"诊疗行为与损害后果之间是否存在因果关系以及原因力大小"属于可以申请医疗损害鉴定的事项，并在第12条进一步明确规定了原因力等级"鉴定意见可以按照导致患者损害的全部原因、主要原因、同等原因、次要原因、轻微原因或者与患者损害无因果关系，表述诊疗行为或者医疗产品等造成患者损害的原因力大小"。该条的制定者显然认为，通过原因力定性，可以确认是否存在损害赔偿责任；通过定量，可以确定具体赔偿额（沈德咏、杜万华（主编），2018，页225）。

五、举证责任

（一）举证责任的一般规则

本条适用过错责任原则，根据《医疗损害责任司法解释》第4条的规定，对于医疗行为、损害、违反适当诊疗义务的过错以及因果关系等构成要件应由主张请求权基础存在的患者一方承担。

在此需要注意的是，医疗损害领域存在着一种特殊的情形，即受害患者与医疗机构之间在医疗资讯的掌握上存在严重的不对称现象，医疗资讯几乎全部掌握在医疗机构一方，一旦处于弱势地位的受害患者因医疗资讯的缺失而举证不能，就判决原告负担举证不足的不利诉讼后果，其合理性受到质疑。

对此，各国在处理医疗损害责任的规则中，在坚持过错责任原则的基础上，或实行表面证据规则（詹森林，2008，页56），或实行过错大致推定规则（杨立新，《医疗损害责任研究》，2009，页110），或实行事实本身证明规则（陈聪富，美国医疗过失举证责任之研究，2008，页162），对受害患者实行举证责任缓和，以应对医疗资讯严重不对称造成的对受害患者保护不利的情形，实行诉讼武器平等（杨立新，《侵权责任法》改革医疗损害责任制度的成功与不足，2010，页12）。

（二）患者举证责任的缓和

所谓的举证责任缓和，就是在法律规定的情况下，在原告存在技术或者其他方面的障碍无法达到法律要求的证明标准时，适当降低原告的举证证明标准，在原告证明达到该标准时，视为其已经完成举证责任，实行举证责任转换，由被告承担举证责任。

就医疗损害责任的举证责任缓和而言，主要涉及过错和因果关系要件的举证责任。对于前者，应当由受害患者一方承担举证责任，受害患者一方无法举证证明的，可以有条件地实行举证责任缓和，完成表见证明后，推定医疗机构有医疗过失。如果受害患者能够证明医疗机构存在《民法典》第1222条规定的法定情形，亦推定为医疗过失。对于后者，举证责任应当由受害患者一方负担，在一般情况下，不能证明的，不构成医疗损害责任。如果因受客观局限无法完成高度盖然性的证明标准，且医疗机构及医务人员的医疗行为很可能会造成该患者人身损害的，在达到表见证明要求时，可以推定该诊疗行为与患者人身损害之间存在因果关系。医疗机构主张无因果关系的，由其进行反证。

医疗实践中主要依赖医学鉴定完成对医疗技术性过错和因果关系的判断。法院通常采纳医疗鉴定的结论。

《民法典》第 1222 条

第一千二百二十二条 【推定医疗机构有过错的情形】

患者在诊疗活动中受到损害，有下列情形之一的，推定医疗机构有过错：（一）违反法律、行政法规、规章以及其他有关诊疗规范的规定；（二）隐匿或者拒绝提供与纠纷有关的病历资料；（三）遗失、伪造、篡改或者违法销毁病历资料。

一、规范目的

本条规定的是违反适当诊疗义务时推定医疗机构过错的情形。本条文为非完全法条，不产生独立的请求权，须结合第 1221 条行使请求权。

本条推定过错情形，针对的是医疗技术性过错，不针对知情同意规则履行问题。知情同意规则是否履行，由医方负担举证责任，无正当理由未履行意味着过错，举证责任本已在医方，无须再借助本条的过错推定，重新分配举证责任。

本条属于第 1221 条的辅助性规范。第 1221 条的责任构成要件之一是医方具有过错。患方负担此项举证责任。而通常情况下，证明医方诊疗过错，都须病历资料作为主要判断材料，由专业鉴定机构进行鉴定。若没有病历资料，则专业机构无法做出鉴定结论。医疗实践中，病历资料尤其是住院病历资料通常由医方保管，并且法律对医疗机构保管病历资料做了强制性规定，医疗机构应当保管病历资料。而患者通常情况下不保管全部或者部分资料。鉴于这种现实情况，若医方隐匿或拒绝提供有关病历资料或者有其他不提供真实病历资料情形的，采取过错推定规则较为合适。

此前的审判实践中，曾出现医务人员违反诊疗规范或者隐匿病历资料甚至伪造、篡改、销毁病历资料等事实后，鉴定机构认定医疗机构无过错，法院采纳鉴定意见认定医疗机构不存在过错，损害了患者利益（最高人民法院民法典贯彻实施工作领导小组（主编），2020，页 459）。因此，立法者特别规定出现这些情形时推定有过错，避免出现严重损害患者利益的判决结果。

二、立法沿革和比较法例

本条沿袭《侵权责任法》第 58 条有关医疗过错推定的规定，具体内容有细微变化。《侵权责任法》第 58 条的规定为："患者有损害，因下列情形之一的，推定医疗机构有过错：（一）违反法律、行政法规、规章以及其他有关诊疗规范的规定；（二）隐匿或者拒绝提供与纠纷有关的病历资料；（三）伪造、篡改或者销毁病历资料。"

首先，本条将原《侵权责任法》第 58 条"患者有损害，因下列情形之一的"修改为"患者在诊疗活动中受到损害，有下列情形之一的"，其意义在于否定推定过错的几项情形与损害结果之间的因果关系要求。

其次，本条第 3 项将原《侵权责任法》第 58 条第 3 项"伪造、篡改或者销毁病历资料"修改为"遗失、伪造、篡改或者违法销毁病历资料"，增加了"遗失"这种无法提供病历资料的情形。

最后，本条第 3 项还将可以推定过错的销毁病历的行为限定在违法的范围内，对于超出保管期限，医疗机构可以依法不再保管的病历资料进行合法销毁的行为不受本条规范。

三、规范内容

（一）过错推定中推定的性质

就本条过错推定的性质，理论上存在一定的争议。有

"推定说"、"拟制说"和"不得反证的推定说"三种观点。

持"推定说"者认为，第 1222 条的过错推定功能在于，将证明过错的举证责任倒置。依照一般原则应当由患者承担的举证责任，因存在第 1222 条情形，推定医方有过错，患者方不再承担医方有过错的举证责任。但这种结论不是终局性的，医方可以提出反证，证明自己没有过错，以推翻推定的结论（王利明，2016，页 334-336；周翠，2010，页 706 以下）。

持"拟制说"者认为，第 1222 条属于法律拟制，其含义等同于"视为"。通过第 1222 条，立法者直接认定医方具有医疗技术性过错。根据此种观点，第 1222 条的功能不是举证责任倒置，而是事实认定，直接认定医方具有过错，医方没有反证的可能（梁慧星，2010，页 38 以下；艾尔肯、张瑜，2010，页 51）。

"不得反证的推定说"认为第 1222 条的过错推定，虽然不是法律拟制，但为强制性推定，原则上不得通过举证推翻（张新宝，《侵权责任法》（第 2 版），2010，页 237）。

首先，将本条解读为"拟制"，属于对拟制的误解。"法律拟制"的本质在于"赋予明知性质不同的两事实以相同法律效果"（张海燕，2012，页 114）。本条中存在的两件事实分别是：其一，具有本条的三项情形；其二，具有诊疗过错。立法者不是明知本条三项情形与诊疗过错性质不同，而赋予这三项情形等同于诊疗过错的情形。而是出现这三项情形时，存在诊疗过错的可能性较大，无须患者证明，依据一般经验常识即可判断存在诊疗过错。因此，1222条不属于拟制的方法。

其次，就是否允许反证，笔者以为不能一概否认医方反证的权利。本条所列举三项情形，第一项情形与后两项情形在推定过错方面类型也不同，宜分别讨论。第一项中所言"违反法律、行政法规、规章以及其他有关诊疗规范的规定"，指向的是诊疗行为本身违反这些规定；而第二三项规定指向的不是诊疗行为本身，而是作为认定诊疗行为是否有过错的病历资料这种重要证据。就第二三项的推定，是纯粹证据规则上的推定，不仅在医疗领域存在，在其他领域也存在，是一项普遍适用的证据分配规则。即如果诉讼当事人一方保管着可能对其产生不利后果的证据，依另一方请求不出示的，法院可以将举证责任分配给持有证据的这一方。此种情形，并不会剥夺持有证据一方反证的权利。故，第1222条第二三项应当做同样理解，理解为可以推翻的过错推定。相反，第1222条第一项的推定不是证据规则层面的，而是就诊疗行为应当采取何种标准做的一种规定，更似对事实的认定。且第1221条中确立了诊疗义务应当以"当时的医疗水平"为判断依据，"当时的医疗水平"就包含法律规范和非法律性质的诊疗规范。违背了法律、行政法规、规章以及其他有关诊疗规范的规定，属于未达到当时的医疗水平的情形，将其认定为有过错是应当的。就此种情形，推定的意思更应当理解为认定有过错，属于事实认定，原则上不得推翻。当然，即便是这种情形，也应允许医疗机构做出抗辩，其抗辩应当围绕为何在当时的医疗场景中必须要违反相关规定来开展诊疗活动。例如，地震过后，医疗机构本身也受到灾害影响，无法像正常情形一样提供医疗服务，此时，就不应按照一般情形来认定医疗行为是否有过错，而应就医疗机构在震后实际具备的医疗服务能力进行判断。

（二）违反法律、行政法规、规章以及其他有关诊疗规范的规定

医疗领域的法律法规会对医疗机构和医务人员提出一些要求，这些要求很多属于强制性规范，其目的通常都是为了保障医疗服务质量和安全。因此，医疗机构及其医务人员在医疗活动中应当掌握和遵守这些规定，不得任意偏离规定。一旦违背法律法规的要求，即属于违法，本条利用违法推定过失的法理直接认定医疗机构及其医务人员在违法时具有过错（王利明（主编），2005，页266）。

本条第一项中的"其他有关诊疗规范"应当按照第1221条中对诊疗规范的释义予以理解。即应当区分强制性诊疗规范、权威性诊疗规范和参照性诊疗规范。强制性诊疗规范可以被本项中"法律、法规、规章的规定"所涵盖，医务人员必须严格遵守。权威性诊疗规范，通常由

权威的教科书、临床指南等行业权威协会、学会公布的文献组成，这些材料通常作为认定医疗行为是否有过错的依据。权威性材料中就同一疾病可能有不同诊疗方案，则医务人员可以自由衡量具体情形采纳其中一种方案。若医务人员的诊疗方案和用药超出了权威性材料的范畴，此时医务人员应当说明其超出权威性诊疗规范进行诊疗的依据，否则将被认定为具有过错。如果医务人员严格按照权威性诊疗规范进行诊疗，则一般认定其不具有医疗技术性过错。对于参照性诊疗规范，不遵守此等规范不是认定医务人员具有过错的依据。其功能在于，当医务人员违反权威性诊疗规范时，可以以情形特殊并且有参照性诊疗规范为依据，作为其无过错的抗辩理由。

（三）病历资料的范围

明确"病历资料"的范围对于本条第2、3项的适用至关重要，因为根据这些规定，如果医疗机构及其医务人员隐瞒、拒绝提供与纠纷相关的病历资料，或者遗失、伪造、篡改、非法销毁病历资料的，将被推定为存在过错。

病历资料是医务人员记录患者疾病发生、发展、转归，以及检查、诊断、治疗等医疗活动的文件。制作病历具有多重功能：帮助医方全面了解患者的健康状况，便于后续的医疗处理；履行向患者报告诊疗情况或信息披露的义务；方便患者寻求第二医疗意见等（陈杭平，2020，页

125）。在医疗损害责任纠纷诉讼中，病历是还原病情和诊疗过程的关键证据。

通常，病历可分为客观病历和主观病历两类。客观病历包括门诊病历、医学影像检查资料、住院志等；主观病历则包含疾病诊治讨论记录、会诊意见等（《医疗事故处理条例》起草小组，2002，页32）。根据《民法典》第1225条第1款和《医疗损害责任司法解释》第6条第1款的规定，本条第2、3项所指的"病历资料"仅包含客观病历资料，主要包括医疗机构保管的门诊病历、住院志、体温单、医嘱单、检验报告、医学影像检查资料、特殊检查（治疗）同意书、手术同意书、手术及麻醉记录、病理资料、护理记录、出院记录以及国务院卫生行政主管部门规定的其他病历资料。

自2010年以来，我国医疗行政部门积极推广电子病历的应用。这一举措丰富了病历记录的信息，有助于更全面、客观地还原患者的病情变化和诊疗过程。然而，这也带来了更多的不确定性。由于多种因素的影响，许多医院同时使用电子病历和纸质病历，导致一系列新问题。例如，医务人员为了节省时间，在制作电子病历时常常使用模板进行"复制粘贴"；因工作疏忽，未能及时将部分检查化验单据录入电子病历系统，或者其他原因导致纸质病历与电子病历的内容不一致，从而在医疗损害责任纠纷中引发对病历完整性和真实性的争议（陈杭平，2020，页

14)。例如，某患者在住院期间的电子病历中显示，医务人员每日按时检查并记录患者的病情变化。然而，纸质病历中缺少多日的检查记录。患者出院后发现病情恶化，认为医院未能及时监测和处理。由于电子病历和纸质病历的内容不一致，导致对病历的完整性和真实性产生争议，进而引发医疗损害责任纠纷。又例如，一名医生为了提高工作效率，在为多名患者填写电子病历时，直接复制粘贴了同一个诊疗模板，未根据每位患者的具体情况进行修改。结果，病历中记录的诊疗措施与实际实施的不符。某位患者因治疗不当导致病情加重，提出医疗过错指控。由于病历内容失实，医院难以提供有效的证据进行自我辩护，被推定为存在过错。

（四）隐匿或者拒绝提供病历资料

病历资料具有法律证据的属性。在医疗纠纷中，病历是还原诊疗过程、确定医疗行为是否符合规范的重要依据。它既是保护医疗机构及医务人员合法权益的证据，也是患者维权的重要资料。对患者而言，病历资料关系到患者的知情权和自主选择权，有助于患者了解自身的病情和治疗情况，维护其合法权益。对医疗机构而言，完整、真实的病历资料是医疗机构自证清白的重要依据，有助于避免或减轻法律责任。

隐匿病历资料是指医疗机构或医务人员明知病历资料

的存在，但故意不向患者或其代理人提供，试图通过隐瞒关键证据来逃避责任。拒绝提供病历资料是指在患者或其代理人依法提出查阅、复制病历资料的请求时，医疗机构无正当理由拒绝提供。

"隐匿或者拒绝提供"是对医疗机构存在无理由不提供病历资料的证据妨碍行为的具体化。我国《医疗机构病历管理规定》第10条规定了病历的保管主体，"门（急）诊病历原则上由患者负责保管。医疗机构建有门（急）诊病历档案室或者已建立门（急）诊电子病历的，经患者或者其法定代理人同意，其门（急）诊病历可以由医疗机构负责保管。住院病历由医疗机构负责保管。"可见，除了部分门（急）诊病历由患者自行保存以外，绝大部分的病历资料都保存在医疗机构。医疗机构作为保管和掌握病历资料的主体，负有提供证据的义务。若医疗机构保管掌握病历资料时，拒绝提供或者隐匿病历资料，即构成证明妨碍行为（最高人民法院民法典贯彻实施工作领导小组（主编），2020，页460）。

从字义上理解，"隐匿或者拒绝提供"是指医方故意隐瞒、藏匿或拒绝向法院提出病历资料，导致患方不能或难以完成对医疗过错的证明。就其内涵来看，大致包含三项因素：其一，"隐匿"、"拒绝提供"都属于强意向性动词，因此主观上医方须故意为之；其二，客观上医疗机构存在证明妨碍的行为。如诉讼前患方复印的病历不全，但诉讼中医疗机构提出全部病历的，或者患者在起诉前收集证据时，医疗机构拒绝其查阅、复制病历资料，但法院要求医疗机构提供病历资料时，医疗机构提供的，均不属于本项规定的隐匿或拒绝提供；其三，须具备结果因素，即在结果上造成患方不能或难以履行对医疗过错的举证及证明，致使法院难以对其有无医疗过错作出判断。

通常情况下，必须当以上三项因素均已满足时，才可适用本条第2项以推定医疗机构存在过错，但要求患者证明医疗机构有"隐匿"和"拒绝"的主观要件属强人所难。《证据规定》第48条和《民事诉讼法司法解释》第112条均将证明妨碍的要件规定为控制书证的当事人"无正当理由拒不提交书证"；《医疗损害责任司法解释》第6条第2款规定："患者依法向人民法院申请医疗机构提交由其保管的与纠纷有关的病历资料等，医疗机构未在人民法院指定期限内提交的，人民法院可以依照民法典第一千二百二十二条第二项规定推定医疗机构有过错，但是因不可抗力等客观原因无法提交的除外。"从该条规定来看，医疗机构在指定期限内不提交病历资料，也没有不可抗力等正当理由的，即可适用本条第2项，不必证明医疗机构是否有隐匿或者拒不提供的主观意思。

患者病历在证据形式上属于书证，《民事诉讼法司法解释》对于书证提出命令及相应的法律后果作出了规定。依据其第112条的规定，书证在对方当事人控制之下的，承担举证证明责任的当事人可以在举证期限届满前书面申请人民法院责令对方当事人提交。人民法院经审查发现当事人的申请符合上述条件的, 则应当责令对方当事人提交该书证。对方当事人对此可以予以反驳, 如果其有正当理由, 比如证明该证据在他人控制之下等情况, 则人民法院也能责令其提交证据。人民法院依法责令对方当事人提交该书证, 对方当事人如果有正当理由, 可以不提交该书证。但如果其无正当理由拒不提交的, 人民法院可以认定申请人所主张的书证内容为真实, 由此来反向督促被申请一方当事人提交在其控制之下的书证, 从而使人民法院能够更加准确地认定案件事实, 妥善化解矛盾纠纷。

同时, 依据《民事诉讼法司法解释》第113条的规定: "持有书证的当事人以妨碍对方当事人使用为目的, 毁灭有关书证或者实施其他致使书证不能使用行为的, 人民法院可以依照民事诉讼法第一百一十一条的规定, 对其处以罚款、拘留。"对于该条的适用持有书证的一方当事人在主观方面必须是存在故意, 且要限定在以妨碍对方当事人使用为目的的毁损行为, 若无此目的或者无此毁损或其他致使书证不能使用的行为, 均不能适用本条的处罚措施。无论是医疗机构保管的主观性病历还是客观性病历, 都属于人民法院认定案件事实的证据范畴, 只要符合《民事诉讼法司法解释》的上述规定, 都应当产生这些规定所明确的法律后果。

（五）遗失、伪造、篡改或者违法销毁病历资料

"遗失、伪造、篡改或者违法销毁"是对医疗机构不提供病历资料的理由不正当或者提供的病历资料不真实的证据妨碍行为的具体化。

"遗失"和"违法销毁"是本条第3项增修的内容，根据本条第3项的规范意旨，医疗机构以遗失为由不提供病历资料的，其理由为非正当，属于证明妨碍行为。以病历资料已销毁为由不提供的，应区分其销毁病历资料是否具有合法性。我国《医疗机构管理条例实施细则》第53条规定："医疗机构的门诊病历的保存期不得少于15年；住院病历的保存期不得少于30年。"由此可知，病历资料的保存有一定期限，对于超出保管期限的病历资料，医疗机构可以不再保管，对其销毁行为不属于本条规定的违法销毁。

"伪造"和"篡改"是指医疗机构虽然提供了病历资料，但所提供的是虚假的病历资料。"伪造"是以妨碍证明为目的编造虚假的病历资料，例如，医务人员没有实施的医疗行为，在病历中却出现了该医疗行为的记录；而"篡改"是在原有病历资料上进行不具有正当性的改动，是一种不合法的改动（刘鑫（主编），2010，页66）。两者的目的是使病历资料丧失原始性和真实性。

在认定医疗机构是否有此两种行为时要注意，涂改或修改病历资料在医疗实践中具有一定的普遍性，并非所有

对病历资料进行修改的行为都属于本项中的"伪造"或"篡改"行为，在审判实践中应当注意区分"篡改"和合法的修改行为。为了确保病历的准确性，医务人员在特定情况下可以对病历进行合法的修改。根据《医疗机构病历管理规定》（卫医政发〔2013〕31号）、《病历书写基本规范》等相关法规，病历资料的合法修改主要包括以下情形：

1. 因记录书写错误而修改（《病历书写基本规范》第7条第1款）。在书写病历过程中，医务人员可能出现错别字、笔误、漏字或书写内容与实际情况不符的情况，需要及时更正。此时可在错误的文字上划一条细线，使原内容仍可辨认，然后在其上方或旁边写上正确的内容。更正处须由修改者签名并注明修改日期。例如，医生将患者的过敏史误写为"对青霉素不过敏"，实际情况是"对青霉素过敏"。发现错误后，应在"不过"两字上划一线，旁边注明"过"字，签名并注明日期。

2. 上级医师修改下级医师的记录（《病历书写基本规范》第7条第2款）。下级医师的诊断或处理意见有误，上级医师审核后需要进行修改。修改时应当保持原纪录可辨认（在需修改的内容上划一细线）、注明修改意见（在旁边写上正确的内容）并由修改者签名并注明修改日期。例如，下级医师诊断为"急性阑尾炎"，上级医师审核后认为应为"右侧卵巢囊肿破裂"。上级医师应在"急性阑尾炎"上划线，旁边注明"右侧卵巢囊肿破裂"，签名并注明日期。

3. 延迟记录补正（《病历书写基本规范》第 17 条第 2 款）。可能由于紧急抢救或者其他原因导致延迟记录，需要事后补记。医务人员在补记内容前注明"补记"字样，写明实际补记的日期和时间，由补记者签名。例如，在抢救危重患者时，医生未能及时记录抢救过程。抢救结束后，应在病历中补记："补记：患者于 ×× 时出现心跳骤停，立即实施心肺复苏……"，签名并注明补记日期。

由此可见，符合规范的修改和补记行为，仅有形式瑕疵，不属于本条第 3 项所指的"伪造"和"篡改"，不可据此推定医疗机构存在过错。

此外，有学者认为，医疗机构虽然篡改了病历，但被篡改的内容并非病历的实质内容，不影响对医疗过失、因果关系的有无认定时，也不宜直接推定医疗机构具有过错。当然，被篡改的是否属于病历的实质内容，应由医疗机构负举证责任（程啸，《侵权责任法教程》（第 4 版），2020，页 296）。

五、举证责任

本条是过错推定的法律规范。存在本条三项情形之一的，法律推定医疗机构具有过错。患者方需要证明的是医方存在本条规定的情形（刘鑫（主编），2010，页 69）。就第一项规定的事项，应当允许患者申请医疗鉴定来完成举证；就第二项情形以及隐匿、违法销毁，不涉及医学专业知识，无须鉴定即可完成；就伪造、篡改，一般仍须借助医疗鉴定来完成举证。

《民法典》第 1223 条

第一千二百二十三条 【药品、消毒产品、医疗器械的缺陷，或者输入不合格血液的侵权责任】

因药品、消毒产品、医疗器械的缺陷，或者输入不合格的血液造成患者损害的，患者可以向药品上市许可持有人、生产者、血液提供机构请求赔偿，也可以向医疗机构请求赔偿。患者向医疗机构请求赔偿的，医疗机构赔偿后，有权向负有责任的药品上市许可持有人、生产者、血液提供机构追偿。

一、规范目的

本条为存有缺陷之医疗产品的生产者、药品上市许可持有人、血液提供机构及医疗机构对患者损害承担责任之规定（最高人民法院民法典贯彻实施工作领导小组（主编），2020，页464）。

与《民法典》第 1218 条关于医疗损害责任过错归责原则不同，本条医疗产品责任采无过错归责原则，医疗机构承担不真正连带责任，对医疗产品缺陷负有责任的生产者、药品上市许可持有人及不合格血液的提供机构承担最终责任。医疗产品责任为特殊的产品责任，除适用本条规定外，还应适用《民法典》关于产品质量责任的一般规定（最高人民法院民法典贯彻实施工作领导小组（主编），2020，页 465）。

本条为完全法条，包括患者对医疗机构和药品上市许可持有人、生产者、血液提供机构的损害赔偿请求权，及医疗机构对药品上市许可持有人、生产者、血液提供机构的追偿请求权（满洪杰，2020，页 564-565）。

二、立法沿革和比较法例

（一）《民法典》之前的医疗产品损害责任

本条继承自《侵权责任法》（2009 年公布）第 59 条，该条规定"因药品、消毒药剂、医疗器械的缺陷，或者输入不合格的血液造成患者损害的，患者可以向生产者或者血液提供机构请求赔偿，也可以向医疗机构请求赔偿。患者向医疗机构请求赔偿的，医疗机构赔偿后，有权向负有责任的生产者或者血液提供机构追偿"。《侵权责任法》第 59 条是我国法律体系上首次将医疗产品损害责任予以单独规定。《侵权责任法（草案）》审议过程中，"药品、医疗器械的缺陷致人损害"产品责任与"输入不合格血液致人损害"的侵权责任经历了由区分到合并的过程，并且经历了"医疗机构赔偿后，可以要求生产者或血液机构提供者协商赔偿"的连带责任到"医疗机构赔偿后，有权对负有责任的生产者或血液提供机构进行追偿"的不真正连带责任的转变（王竹，论医疗产品责任规则及其准用——以《中华人民共和国侵权责任法》第 59 条为中心，2013，页 59；吴成锂，2022，页 16）。

在《侵权责任法》颁布以前，我国的医疗损害责任经历了新中国成立初期到《民法通则》施行前的行政调处阶段（1949—1986 年）；《民法通则》与原《医疗事故处理办法》的双轨制角力阶段（1987—2002 年），该阶段的特征为限制患者赔偿权利；《医疗事故处理条例》与《最高人民法院关于审理人身损害赔偿案件适用法律若干问题的解释》的双轨制适用阶段（2002—2009 年），该阶段的特征为加重医疗机构举证责任初步形成防御性医疗（杨立新，中国医疗损害责任制度改革，2009，页 81 以下）。在以上三个阶段中，医疗产品损害与诊疗过错、侵犯患者知情权三种医疗损害责任混合构成以医疗事故为核心的医疗损害责任体系，医疗产品损害责任不具有独立的法律地位，是否适用产品责任也存在疑问（王竹，论医疗产品责任规则及其准用——以《中华人民共和国侵权责任法》第 59 条为中心，2013，页 58-59）。

（二）《药品管理法》及药品上市许可持有人制度

药品上市许可持有人制度指拥有药品技术的药品研发机构、科研人员、药品生产企业等主体，通过提出药品上市许可申请并获得药品上市许可批件，并对药品质量在其整个生命周期内承担主要责任的制度（王晨光，2016，页22）。2015 年全国人大常委会授权国务院在部分地方开展药品上市许可持有人制度试点（《全国人民代表大会常务委员会关于授权国务院在部分地方开展药品上市许可持有人制度试点和有关问题的决定》，2015），国务院在此基础上细化了药品上市许可持有人制度试点工作（《国务院办公厅关于印发药品上市许可持有人制度试点方案的通知》（国办发〔2016〕41 号））。2019 年《药品管理法》进行第二次修订，吸收了通知及试点工作成果，在其第三章较完整地规定了药品上市许可持有人制度。《民法典》第 1223 条比较原《侵权责任法》第 59 条基本没有较大变动，最明显的改动即是新增药品上市许可持有人为医疗产品损害责任的责任主体。在该项改动下，取得药品注册证书的企业、药品研发机构或者科研人员成为医疗产品责任赔偿义务人。

《民法典》对药品上市许可持有人制度有明确规定的情况下，应适用《民法典》之规定，即第 1223 条规定。《药品管理法》对药品上市许可持有人制度的细化规定与《民法典》内容不相冲突的，可以继续适用（最高人民法院民法典贯彻实施工作领导小组（主编），2020，页468）。

三、规范内容

（一）医疗产品的界定

1.药品

本条所称药品，依《药品管理法》第二条第二款之规定，是指用于预防、治疗、诊断人的疾病，有目的地调节人的生理机能并规定有适应症或者功能主治、用法和用量的物质，包括中药、化学药和生物制品等。原《药品管理法》（2015年第二次修正版）第一百条之规定定义药品品种"包括中药材、中药饮片、中成药、化学原料药及其制剂、抗生素、生化药品、放射性药品、血清、疫苗、血液制品和诊断药品等"，在《药品管理法》修订过程中，有意见认为此种药品分类方法存在交叉或不准确，经宪法和法律委员会研究，采概括式列举法，将此项修改为现行《药品管理法》中的"包括中药、化学药和生物制品"（《全国人民代表大会宪法和法律委员会关于＜中华人民共和国药品管理法（修订草案）＞审议结果的报告》，2019）。

医疗机构制剂是指医院临床需要但市场上没有药品供应，经批准配置，在医院自用的固定厨房制剂，是对临床用药的补充，在包装标示和使用方法上有明显区别。在医疗机构制剂缺陷的情形下，需要区分"自配自用"和"自配他用"两种情形，适用不同的产品责任规则。

在药品临床试验中，所使用的试验药品与一般意义上的药品不同，使用试验药品的目的并非预防、治疗或诊断人的疾病，而在于验证某一试验药品的安全性、可靠性、治疗作用和不良反应等，试验药品的风险不确定性显著高于一般药品，参与药品临床试验的受试者均经过风险告知、知情同意等环节，且药品临床试验通常是免费的甚至向患者予以补贴，在受试者有偿供试、自甘风险的背景下，使用试验药品的行为不宜被认定为诊疗服务，故试验药品不是一般意义上的药品。

2. 消毒产品

本条所称消毒产品，依原卫生部《消毒管理办法》第四十九条之规定，包括消毒剂、消毒器械（含生物指示物、化学指示物和灭菌物品包装物）、卫生用品和一次性使用医疗用品。原《侵权责任法》第五十九条中此项表述为"消毒药剂"，即不包括消毒器械、卫生用品和一次性使用医疗用品。《民法典》立法过程中，有部门建议将"消毒药剂"修改为原卫生部《消毒管理办法》中所规定的"消毒产品"，以避免与"药品"产生混淆（《地方人大、中央有关部门和单位以及有关方面对民法典各分编草案（征求意见稿）侵权责任编的意见》，2020）。《民法典》采纳了此项建议，故应认为本条所称消毒产品的范围与《消毒管理办法》中的定义一致。

缺陷消毒产品有两种形态，其一是消毒产品存在不合理的危险，直接作用于机体对患者造成损害；其二是消毒产品未达到应有的消毒效果，对环境中的致病菌杀灭功效不足，导致患者感染病菌甚至出现院感等损害后果。

消毒产品既可以是由生产者生产的，也可以是医疗机构购进物料自行进行配置的。

3.医疗器械

本条所称医疗器械，依《医疗器械监督管理条例》第七十六条之规定，是指直接或者间接用于人体的仪器、设备、器具、体外诊断试剂及校准物、材料以及其他类似或者相关的物品，包括所需要的计算机软件；其效用主要通过物理等方式获得，不是通过药理学、免疫学或者代谢的方式获得，或者虽然有这些方式参与但是只起辅助作用。

医疗器械附件也应视为医疗器械，附件属于零部件之一种，零部件应当认定为产品责任意义上之产品（董春华，2011，页112以下）。

由药品和医疗器械共同组成并作为单一实体生产的药械组合产品，如含药避孕套、创可贴、含药涂层支架、纳米药物递送系统等，应按发挥主要作用的组成部分认定产品属性，主要通过药理学、免疫学或代谢的方式发挥作用的应认定为药品，主要通过物理方式发挥作用的应认定为医疗器械（《关于药械组合产品注册有关事宜的通告》（国家食品药品监督管理局通告 2009 年第 16 号)), 有明确界定结果文件的, 按文件执行(《关于药械组合产品注册有关事宜的通告》(修订草案公开征求意见稿)(药监械注函〔2021〕6 号))。在药械组合产品致人损害的情形, 应首先界定药械组合产品的产品属性, 该项工作由国家药品监督管理局医疗器械标准管理中心组织开展(《关于调整药械组合产品属性界定有关事项的通告》(国家药品监督管理局通告 2019 年第 28 号)), 其后根据不同产品属性对应的标准判断该产品是否存在缺陷, 最后进行相应的法律适用。关于非单一实体生产的组合产品, 如组合包装或指定配合使用的药品与医疗器械, 的定性问题, 仍需进一步研究。

4. 血液

在我国现行法规定下, 对血液的基本分类是将之分为输血用血与血液制品。《血站管理办法》第六十五条规定, 血液是指全血、血液成分和特殊血液成分。其中前两者为临床输血用血, 血液成分是指全血经血液分离机分离其中的某些成分, 如红细胞、粒细胞、血小板等, 随科技发展和医疗观念更新, 临床输血绝大多数采成分输血的方式, 全血输血已是极少数应用情形。以全血为原料, 采生物学工艺或者分离纯化技术可制备血液制品。依《中华人民共和国药典》三部凡例总则第十一条第二项和《血液制品管理条例》第四十五条之规定, 血液制品特指各种人血浆蛋白制品, 如白蛋白类制剂、免疫球蛋白制剂等, 《药品管理法》亦将血液制品与麻醉药品、精神药品、放射性药品等作为特殊种类药品进行管理。基于上述输血用血与血液制品二分法，"血液"与"血液制品"应区别对待，血液制品属于本条所称药品，而本条所称血液，应认为特指用于临床治疗的输血用血。

血液制品属于药品当无疑议，既可适用一般产品的法律规范，亦可适用医疗产品缺陷责任之法律规定。有疑问的是输血用血，即本条所称之血液，是否属于产品。否定观点认为，其一，依据"加工、制作"的标准，产生血液乃基于人体的生理机能，而非人之劳动，血液采集不能称为法定意义上的加工制作（焦艳玲，2019，页80）；其二，条文中将"药品、消毒产品、医疗器械缺陷"与"不合格血液"相区别表述，表明立法者在将血液归入产品这一点上存有疑虑。肯定说则认为，其一，即便是血液采集也需要经采集、分离、抗凝、检验等加工制作程序（温世扬、吴昊，2018，页78），更有血液分离机、血液灭活和除病毒工艺等先进技术广泛应用，其技术含量足以被认为属于产品的范畴，其二，我国司法实践中亦有将血液认定为产品的案例（湖南省衡阳市中级人民法院，（2012）衡中法民四终字第108号）。此外，亦有学者提出血液不属于产品，但准用产品责任的"准产品"说（杨立新、岳业鹏，2012，页116）。有关血液的"产品"属性之争议，归根结底在于对血液致人损害应当适用何种归责原则，理论

及实践上有过错责任说（河北省秦皇岛市中级人民法院，
（2016）冀03民再55号）、无过错责任说（江苏省扬州市
中级人民法院，（2010）扬民终字第0202号）、过错推定
责任说（江苏省徐州市中级人民法院，（2014）徐民终字第
2042号）及公平责任说（甘肃省高级人民法院，（2016）
甘民申129号）等不同见解。从法律政策的角度考量，各
种归责原则均有保护其利益和价值的正当性，探究本条文
之立法真意可知，无论对血液作何种定性，均不影响血液
致人损害与医疗产品缺陷致人损害适用相同的无过错责任
之规则（焦艳玲，2019，页84），最高人民法院《医疗损
害责任司法解释》亦明确，输入不合格血液参照适用医疗
产品缺陷责任之。

（二）责任主体

1. 医疗机构

依《医疗机构管理条例》第二条之规定，"本条例适用
于从事疾病诊断、治疗活动的医院、卫生院、疗养院、门
诊部、诊所、卫生所（室）以及急救站等医疗机构"，该条
文限定医疗机构的功能为"从事疾病诊断、治疗活动"，并
列举了医疗机构的各种组织形态，此处应作等外理解，《医
疗机构管理条例实施细则》第三条详细列举了医疗机构的
十四种类别，此外，该细则第四条规定，"卫生防疫、国境
卫生检疫、医学科研和教学等机构在本机构业务范围之外

开展诊疗活动以及美容服务机构开展医疗美容业务的，必须依据条例及本细则，申请设置相应类别的医疗机构。"

《医疗机构管理条例实施细则》第二条规定"条例及本细则所称医疗机构，是指依据条例和本细则的规定，经登记取得《医疗机构执业许可证》的机构"，按该条文义理解，未经登记取得《医疗机构执业许可证》的机构不是医疗机构，不得成为医疗产品缺陷责任的责任主体，应对其适用一般产品质量责任之规则。

2. 药品上市许可持有人

所谓药品上市许可持有人，依《药品管理法》第三十条之规定，是指取得药品注册证书的企业或者药品研制机构等，药品上市许可持有人对药品的非临床研究、临床试验、生产经营、上市后研究、不良反应监测及报告与处理等承担责任。药品上市许可持有人对药品生产销售全链条和药品全生命周期质量负责（黄志成、高敏、贝雷、陈旭，2019，页494）。

药品上市许可持有人为境外企业的，依《药品管理法》第三十八条之规定，应由其指定的中国境内的企业法人履行药品上市许可持有人义务，与药品上市许可持有人承担连带责任。

根据《药品管理法》第三十二条，药品上市许可持有人可以自行生产药品，也可以委托药品生产企业生产。如果委托生产，药品上市许可持有人依法对药品的安全性、有效性和质量可控性负责，药品上市许可持有人委托的生产企业则依据委托生产质量协议的规定就药品质量对药品上市许可持有人负责（王晨光，2016，页24）。同样，依据《药品管理法》第三十四条，药品上市许可持有人也可以自行销售或委托药品经营企业销售药品。药品上市许可持有人对受托经营企业的选任、储存、运输、销售等全过程有评估和监督义务，并承担药品缺陷致患者损害的责任（满洪杰，2020，页467）。

3. 生产者

于药品领域，本条所称"生产者"，主要指自行组织生产的药品上市许可持有人和药品上市许可持有人委托生产的受托生产企业。药品上市许可持有人"对药品的非临床研究、临床试验、生产经营、上市后研究、不良反应监测及报告与处理等承担责任"，为药品缺陷的最终责任人，受托生产企业在委托生产质量协议和商业合同约定的范围内对药品上市许可持有人承担责任。受损害患者有权选择就药品上市许可持有人或者受托生产企业请求损害赔偿，药品上市许可持有人或者受托生产企业承担责任后，可依据委托生产质量协议和商业合同向有责任一方请求承担合同责任，但基于合同相对性，药品上市许可持有人或者受托生产企业不得主张以委托生产质量协议或商业合同之约定对抗本条所规定之受损害患者的损害赔偿请求权。

当药品上市许可持有人为科研机构或者科研人员，其实际为药品的"设计者"，而非"生产者"，由于药品标签和说明书中标注药品上市许可持有人和实际药品生产企业的详细信息，药品上市许可人此时即为"表见生产者"，依法承担医疗产品责任（杨悦，2018，页224-225）。

于药品以外的医疗产品领域，医疗产品生产者应对产品的设计缺陷、生产缺陷、风险警示缺陷等承担最终责任（满洪杰，2020，页567）。

关于缺陷医疗机构制剂致害，分两种情形，在"自配自用"的情形下，不再适用本条规定，而适用产品责任的一般规则，医疗机构作为缺陷医疗产品的生产者承担责任，而在"自配他用"的情形下，配制医疗机构制剂的医疗机构处于生产者地位，依本条承担医疗产品责任（李冬，2015，页179）。

4.血液提供机构

所称血液提供机构，依据《采供血机构和血液管理办法》第二条的规定，"采供血机构是指采集、储存血液，并向临床或血液制品生产单位供血的医疗卫生机构，分为血站、单采血浆站和血库。"单采血浆站是采集血液制品生产用原料血浆的采供血机构，负责向血液制品生产单位提供生产用原料血浆，血库是医院储存血液和参与临床有关疾病诊断治疗的业务科室，属于医疗机构的内部机构，故血液提供机构主要指血站以及经行政部门批准负责调配血液的血库。

依据《献血法》第十五条第二款的规定，为保障应急用血，医疗机构可以临时采集血液，但应依法确保采血用血安全。在此情形下，医疗机构同时也是血液提供机构，承担双重责任。

于自体输血的情形，无论是储存式、稀释式或者回输式自体输血，虽然血液来自患者自身，但采血、保存和输血等操作程序均由医疗机构负责，医疗机构也扮演血液提供机构的角色，须确保全部流程和血液质量符合法定标准。

（三）构成要件

1. 医疗产品存在缺陷

医疗产品存在缺陷有两种判断标准：技术性标准和不合理危险标准。医疗产品有国家和行业制定的保障人身安全和财产安全的强制性指标，不符合强制性指标的医疗产品必定是有缺陷的医疗产品。没有相关技术标准的，采用不合理危险的判断标准。但这种二分法判定标准引起理论争议，其中一个难以解决的问题是：若医疗产品符合国家、行业的强制性标准，但仍然造成损害，生产者是否要承担责任？对此，一种观点认为，既然符合国家、行业强制性标准的，生产者不再承担责任，使用者的损害应当由其他风险分散机制分担，例如通过保险、基金和社会保障等途径予以救济（焦艳玲，2019，页 88-89）。相反观点认为，即便产品符合强制性标准，只能初步证明产品无缺陷，若产品存在不合理危险，仍应认定其具有缺陷（武亦文，2024，页180）。本文赞同第二种见解。即便医疗产品经过审批、具有生产许可、经检验合格等，亦不能证明该医疗产品不存在缺陷，若造成损害的因素属于设计上、制造上或风险警示上被社会普遍认为不应当具有的危险，不符合一个消费者在正常情况下对医疗产品所应具备的安全性的合理期待，则构成不合理危险，应被认定为有缺陷的医疗产品。

医疗产品的缺陷分为四种：一是设计缺陷，是指产品在设计阶段就存在的问题，即使按照设计规范和标准生产，产品本身仍然存在安全隐患或无法达到预期的功能。设计缺陷源于产品的设计理念、结构或功能上的不足。例如，一种医疗注射器在设计时未考虑防止针头意外脱落的机制，可能导致针头遗留患者体内，造成损害。二是制造缺陷，是指医疗产品在生产加工过程中，因物料、工艺、流程等存在错误，致使制造出的医疗产品不符合设计要求或质量标准。产品的设计是合格的，但制造环节的问题导致产品存在缺陷。例如，一批心脏起搏器在生产过程中因工人操作失误，使用了不合格的电池，导致产品在使用过程中可能突然失效，危机患者生命。三是风险警示缺陷，是指产品的标签、说明书或警示信息不充分，未能有效告知用户潜在的风险、使用方法或注意事项。例如，一种处方药的说明书中缺少对严重副作用的详细描述，患者在使用后出现不良反应却不知如何处理，延误了治疗时机。四是跟踪观察缺陷，是指医疗产品在上市后缺乏有效的监测、反馈和改进机制，未能及时发现并处理产品在实际使用中出现的问题。这包括对产品性能的持续监测、不良事件的收集和分析等。例如，某医疗设备厂家未建立完善的售后跟踪系统，无法及时获取设备在医院使用过程中出现的故障信息，导致同类问题反复发生，影响患者安全（杨立新，《医疗损害责任法》，2012，页344以下）。

对于何为"不合格的血液"存在多种见解。观点一认为，"不合格"从文义上考察有不符合某种标准或规定的含义，依据《献血法》第十条第二款、第十三条和《传染病防治法》第二十三条之规定，血站、采供血机构应当保证血液的质量，医疗机构必须对血液质量进行核查，所依据的标准为国家规定标准。我国现行的血液国家质量标准为卫生部、中国国家标准化管理委员会2012年发布的《全血及成分血质量要求》（GB18469-2012），故认为不合格的血液应指不符合该国家质量标准的血液，只要医疗机构和血液提供机构严格执行了法定标准的检测程序，即使血液存在致害成分，也应被认为是"合格"的血液。观点二认为，只要血液携带有某种致害因素，输血后导致患者感染疾病或遭受严重损害，即为不合格血液。观点三认为，"不合格"表面上指向血液，实则指医疗机构或血液提供机构对血液瑕疵的产生存在过错，应根据医疗机构和血液提供机构的行为进行判断（李冬，2015，页175）。本文认为，是否合格仍应以国家、行业标准和不合理风险两步检验法来认定。如果不符合国家、行业标准的，则直接认定为不合格；符合国家、行业标准，但存在不合理风险的，也应认定为不合格血缘（武亦文，2024，页181）。

药物不良反应是指正常药品在正常剂量下用于预防、诊断、治疗疾病或调节生理机能时出现的有害的和与用药目的无关的反应，药物不良反应排除了药品缺陷的情形。依据《疫苗流通和预防接种管理条例》第四十一条第二项，预防接种异常反应排除疫苗质量不合格给受种者造成损害的情形。故上述两项均不属于药品缺陷。

2. 患者受有损害

医疗产品缺陷所致患者损害主要是人身损害，有的损害当时即可发现，有的损害可能需要很多年才出现后果，该人身损害包括致人伤残和致人死亡。该种损害的诉讼时效应从损害发生时起算，而非从产品使用时起算。

患者遭受损害主张适用本条规定的，须患者在医疗机构接受诊疗服务，并购买使用医疗产品而遭受损害；单纯于医疗机构购买医疗产品而未接受诊疗服务的，或者于医疗机构接受诊疗服务后在他处购买医疗产品的，应适用一般产品质量责任的相关规定。

在违反跟踪观察义务的情形，缺陷医疗产品造成的损害为一次损害，违反跟踪观察义务造成的损害是二次损害，二次损害的范围为及时采取召回、警示等措施所能避免的损害。

3. 医疗产品缺陷与患者所遭受损害之间存在因果关系

患者首先要证明曾使用过缺陷医疗产品，其次要证明使用该缺陷医疗产品是遭受损害的原因。对于高新技术医疗产品导致损害不易证明因果关系的情形，可以使用举证责任缓和之规定，患者证明达到表见证据规则的要求后，进行因果关系推定（杨立新，《医疗损害责任法》，2012，页502）。

跟踪观察缺陷与患者所受损害之间的因果关系判断适用相当因果关系规则，若同时存在患者不配合缺陷医疗产品召回而导致损害扩大，则构成与有过失，应当区分损害发生的原因力大小和过错程度，适当减轻跟踪观察义务主体的责任（杨立新，《医疗损害责任法》，2012，页537以下及542）。

不合格血液导致患者损害的因果关系适用相当因果关系规则，须排除血液感染以外的其他原因，否则不能认定不合格血液与患者所遭受损害之间存在因果关系（王利明，2016，页397）。但如果血液的确存在致害病菌，亦存在患者自身原因，则构成共同原因，构成侵权责任，应当按照原因力大小分配损害赔偿责任（杨立新，《医疗损害责任法》，2012，页222以下）。

输入血液遭受损害，损害结果与医疗机构、血液提供机构因果关系不明时，应依据个案情况，合理裁量对患者的补偿（陈建华，2019，页33以下）。

四、举证责任

（一）举证规则

本条规定的医疗产品损害责任由患者对医疗产品的缺陷、患者所遭受损害及医疗产品缺陷与所遭受损害之间的因果关系承担举证责任。

关于医疗产品缺陷与患者所遭受损害之间因果关系的证明，只需要达到高度盖然性即可认定相关因果关系，除非医疗机构、生产者、药品上市许可持有人或血液提供机构能够证明患者所遭受损害与医疗产品缺陷之间不存在因果关系。

中间责任人承担赔偿责任后，若要取得向最终责任人的追偿权，须证明自己不是最终责任人。医疗机构若对医疗产品缺陷的产生具有过错，或不能指明缺陷医疗产品的生产者，则须承担最终责任，不享有追偿权（杨立新，《医疗损害责任法》，2012，页187）。

在无法判断医疗产品是否存在缺陷的情形下，有医疗鉴定意见认为或者根据众所周知的医学常识，患者所遭受损害与使用该医疗产品具有直接关联性的，可以推定医疗产品存在缺陷，但医疗产品的生产者能够证明医疗产品投入流通时，引起患者所遭受损害的缺陷尚不存在的除外。

关于不合格血液导致患者损害的因果关系的证明，患者只需证明自己在医疗机构接受过输血等医疗服务，以及自己随后感染了某一疾病，并可以排除其他感染该疾病的途径即可。

（二）责任豁免

所谓合理的风险，是指医疗产品本身即为"不可避免的不安全产品"，必须容忍医疗产品存有相当程度的危险，医疗产品作用于机体时常见且可预期的不良反应和医疗产品使用者个体差异产生的特异质反应均属于此类合理的风险。在各责任主体已尽风险警示义务的情形下，医疗产品产生的社会整体效益远大于其造成的风险，不宜将其认定为缺陷医疗产品。但若医疗产品存在常见且预期之外的不良反应，则为有缺陷的医疗产品（李冬，2015，页179-180）。

所谓发展风险抗辩，是指产品投入流通时，以当时的科学技术水平尚不能发现产品存在缺陷的，不承担侵权责任。目前司法实践中，对于药品、消毒产品、医疗器械缺陷均可适用发展风险抗辩，我国的制药行业以生产仿制药为主，所仿制的药品在国外大多已经过多年的临床研究和应用监测积累，因此"当时的科学技术水平"应当理解为该领域国际科学技术水平（张建平，2014，页403）。但对于血液，即便存在以当时的科学技术水平尚不能发现的致害因素，甚至该种致害因素尚不在检测项目中，医疗机构或血液提供机构亦不得主张发展风险抗辩，常见的案例是血液检测存在"窗口期"，无法检测出丙肝病毒、HIV等，患者输入血液后感染疾病，医疗机构或血液提供机构亦须承担无过错责任。

《民法典》第 1224 条

第一千二百二十四条 【医疗机构免责情形】

患者在诊疗活动中受到损害，有下列情形之一的，医疗机构不承担赔偿责任：

（一）患者或者其近亲属不配合医疗机构进行符合诊疗规范的诊疗；

（二）医务人员在抢救生命垂危的患者等紧急情况下已经尽到合理诊疗义务；

（三）限于当时的医疗水平难以诊疗。

前款第一项情形中，医疗机构或者其医务人员也有过错的，应当承担相应的赔偿责任。

一、规范目的

本条构成医疗机构诊疗责任减免事由。当出现本条所规定的三种情形时，医疗机构不承担损害赔偿责任或者减轻其责任。

本条为不完全法条，不产生请求权基础。其功能是作为医疗机构的防御性条款，当患者依据第1221条请求医疗机构承担损害赔偿责任时，医疗机构可以以该条作为抗辩事由，主张不承担责任或者减轻承担责任。

本条并不用于限制第1219条所生损害赔偿请求权和第1223条医疗产品和输血损害赔偿。

二、立法沿革和比较法例

本条来源于《侵权责任法》第60条，内容上并没有实质性的变化，表述上有细微变化：一是将《侵权责任法》第60条的"患者有损害"修改为"患者在诊疗活动中受到损害"，限缩了本条的适用场景；二是将前述第2款中的"医疗机构及其医务人员"修改为"医疗机构或者其医务人员"；三是将"因下列情形"修改为"有下列情形"，表明本条规定的三种情形与患者损害之间不需要有因果关系。

《医疗事故处理条例》第三十三条规定，以下几种情形不属于医疗事故：(1)在紧急情况下为抢救垂危患者生命而采取紧急医学措施造成不良后果的；(2)在医疗活动中由于患者病情异常或者患者体质特殊而发生医疗意外的；(3)在现有医学科学技术条件下，发生无法预料或者不能防范的不良后果的；(4)无过错输血感染造成不良后果的；

（5）因患方原因延误诊疗导致不良后果的；（6）因不可抗力造成不良后果的。按照《医疗事故处理条例》制定时的立法原意，不构成医疗事故是不承担责任的（奚晓明（主编），2010，页420）。但这一观点受到猛烈的批判，批评者认为，医疗事故的认定是基于行政管理、行政处罚的考虑，即便不构成医疗事故，也不能必然认定医疗机构没有过错。民事责任构成要件的"过错"要素，不同于医疗事故的认定。因此，后来从立法到司法，逐渐接受医疗事故认定和医疗过错认定分离的观点，是否构成医疗事故不对医疗损害赔偿责任的程度起决定作用。本条规定的三种情形，在《医疗事故处理条例》第33条中都可以找到其源头。

三、规范内容

（一）患者违反协力和遵嘱义务

提供医疗服务相较于其他给付类型有其特殊性。医疗服务的提供是直接施加于患者身上，此种类型的服务，对患者配合程度的要求要远高于其他不直接施加于人身的服务以及物品给付。若患者一方不配合，医疗机构无法有效开展医疗活动或难以实现最佳的医疗效果。患者的配合包括两个方面：其一是协力义务，即患者应当向医方提供与诊疗相关的信息，比如病史、病情症状、过敏史和特殊体质等情况（满洪杰，2020，页579）。其二是遵守医嘱的义务，即患者应当按照医嘱积极接受治疗，违反医嘱或者执行医嘱中做出变更，都可能影响治疗的效果。例如，医嘱明确表示某药物每天服用三次连续服用一周，患者若服用一天就停药，可能会产生不利的医疗效果。

患者或者其近亲属不配合医疗机构进行符合诊疗规范的诊疗活动，基于"不配合"的具体发生原因，分为以下两种类型：

（1）患者或其近亲属由于对医疗知识的缺乏、对病情的误解、沟通不畅等原因，导致不配合医疗机构的诊疗活动。这种不配合并非出于故意，而是源于信息不对称或误解。例如，由于语言障碍或文化差异，患者无法准确理解医生的诊疗方案，从而不配合。此种情形，医疗机构应当尽可能与患者加强沟通，争取患者和家属的配合。对于此种情形，不能直接推定其主观具有过错，从而免除医疗机构的赔偿责任（满洪杰，2020，页580）。判断患者是否存在过错的前提在于，医务人员是否向患者履行了合理的说明告知义务。医务人员是否充分尽到对其诊疗行为的说明告知义务，是否足以使患者对于医疗机构所采取的诊疗措施及其风险和后果产生合理认识。这是判断患者客观上不配合诊疗的行为是否具有主观过错的关键（奚晓明（主编），2010，页421）。（2）患者或其近亲属在明知医疗行为有益于患者健康的情况下，基于个人意愿、信仰、偏见或其他主观原因，拒绝配合。例如，某患者因宗教信仰原因拒绝接受输血，最终因失血过多导致死亡。又例如，患者为获取保险金赔付，故意不遵医嘱而致损害结果的发生。除了故意不配合之外，还有可能因过失而不配合。例如，医生嘱咐患者某药的使用方法，但患者疏忽大意未严格遵守医嘱，导致损害。

从过错主体数量上，可以区分为以下情形：（1）仅患者一方存在过错。例如在医务人员已经尽到合理的说明告知义务，且诊疗活动本身符合规范的前提下，患者仍拒绝配合诊疗活动的；（2）患者和医疗机构双方均存在过错。例如在患者或者其近亲属不配合医疗机构进行诊疗，并因此而产生损害结果的过程之中，既存在患者一方不配合诊疗的行为，同时也存在医务人员未尽到相应地告知说明义务和诊疗义务的情况。

在患者和医疗机构双方均存在过错的情形下，医疗机构理应承担与其过错程度相当的赔偿责任。反之，若医疗机构不存在过错，患者完全因自身原因不配合诊疗，患者的损害是由于患者或者其近亲属拒不配合的行为导致的，此时医疗机构不应承担赔偿责任。

孕妇李丽云死亡案（北京市朝阳区人民法院，（2008）朝民初字第06072号）中，"丈夫"肖志军拒绝在剖腹产手术同意书上签字，最终怀孕9个月的李丽云死在了北京朝阳医院。为此，李丽云的父母以医院未履行正确的诊疗活动导致了李丽云的死亡为由，向朝阳医院索赔121万元。北京市朝阳区人民法院对此案作出一审判决，认定朝阳医院的医疗行为与李丽云的死亡二者之间无明确的因果关系，据此驳回了原告的诉讼请求。但考虑到朝阳医院愿意给予李丽云家属一定的经济帮助，法院判决由朝阳医院向原告支付人民币10万元。二审法院维持了一审判决结果。二审法院认为（北京市第二中级人民法院，（2010）二中民终字05230号），患者在诊疗过程中，应当信任医院的诊疗行为并对医院的诊疗行为予以充分配合。李丽云在朝阳医院诊疗过程中，病情发展迅速，临床抢救时机不容耽搁。在李丽云病情危重的情况下，患方对于治疗仍采取不配合的态度，其消极的行为影响了医院对李丽云的抢救治疗。

（二）紧急情况下已尽到合理诊疗义务

立法者特别强调紧急情况下已尽到合理诊疗义务时，医疗机构不承担赔偿责任，意在鼓励医疗机构实施紧急救治，不必考虑本不应由其承担的损害赔偿责任。紧急情况下，医疗机构即便积极救治，也有一定概率救治失败。而根据实践观察经验，在紧急救治失败时，患者家属常常将原因归咎于医疗机构，要求医疗机构赔偿损失、甚至以医闹等形式干扰医疗机构正常工作。在过往的司法实践中，有些时候司法机关为了息事宁人，判决医疗机构承担一定比例的责任。这些因素都对医疗机构抢救产生负面影响。

146

但同时，立法者又规定了紧急情况下医院的救治义务。医疗机构面临着两难选择：不救的话直接违反法律规定，须承担损害赔偿责任；积极救治的话有一定概率救治失败，患者家属索赔时，司法机关倾向于判决医疗机构承担一定比例责任。这种局面对医疗机构来说，明显过于苛刻。立法者通过本规范，纾解医疗机构的上述困境，强调在紧急救治情形已经尽到合理诊疗义务的，不承担责任。

紧急情况下医务人员的合理诊疗义务的判定标准应当适当降低。紧急情况下，抢救时间紧迫，医务人员不能像平时一样做详细的检查诊断，其思考和判断的时间也被压缩，时间的紧迫必然会导致误差的增加，此时若还以通常情况下的诊疗标准来要求医务人员，对医务人员而言过于苛刻。因此，紧急情况下对医生诊疗义务的要求应当适当降低。

即便降低了诊疗义务认定标准，给予医务人员在紧急情况下诊疗行为一定的宽容，但并不意味着没有任何要求，医务人员仍然应该尽到一定程度的合理诊疗义务。医务人员的行为需要符合当时客观条件下的合理要求。如果医务人员在紧急情况下存在明显过失，如严重违反医疗规范、操作失误等，导致患者损害，医疗机构仍可能承担赔偿责任。

相较于非紧急情形，紧急情形下的诊疗活动还有多方面的不同：其一，紧急情况下，时间至关重要，医生可能无法进行全面的检查或咨询，必须在最短时间内作出判断和采取措施，以抢救患者；而非紧急情况下，医生有充足的时间进行详细的诊断、咨询和制定治疗计划，确保医疗行为的全面性和准确性。其二，紧急情况下，医生无法获得患者或其近亲属意见的可以经负责人批准实施必要的医疗措施；非紧急情况医生应当取得患者或其近亲属同意才可实施诊疗行为。其三，紧急情况下，医生的首要任务是挽救生命，可能无法顾及患者个人偏好、宗教信仰等方面；非紧急情况下，医生应尊重患者的自主决定权，充分考虑其价值观、信仰和意愿。

（三）限于当时的医疗水平难以诊疗

限于当时的医疗水平难以诊疗，是指由于当时的医学知识、技术、设备等水平有限，医务人员无法准确诊断或有效治疗某些疾病。此时，医务人员尽了最大的努力，也可能因为客观条件限制，无法达到预期诊疗效果。不能以后来的医学水平作为判断之前诊疗行为的标准。即便后来医学水平进步，能够诊断和治疗此前无法诊疗的疾病，也不能因而认定之前的诊疗有过错。

限于当时的医疗水平难以诊疗，可以分成几种类型：首先，因医学知识的局限性而难以诊疗，即当时的医学研究尚未发现某些疾病的病因、病理机制，导致无法准确诊断或制定有效的治疗方案。其次，因工具和设备的限制而难以诊断，即缺乏先进的诊断工具和医疗设备，使得一些疾病的检测和治疗手段不足，影响诊疗效果。第三，因药物和治疗手段的缺乏而难以诊疗，即某些疾病在当时没有有效的药物或治疗方法，医务人员无法根治疾病。

例如，艾滋病作为一种难以治愈的疾病，目前只能采取支持性治疗，而不能根治疾病。再例如，在抗生素被发现之前，肺结核是一种难以治愈的疾病，许多患者因得不到有效治疗而病情恶化，医务人员对此没有好的应对办法。对于渐冻症，人类目前也未攻克，此类患者也难以得到有效治疗，更多的是维持和护理。

四、过失相抵规则的适用

本条第 2 款规定了在第 1 款第 1 项情形下，医疗机构或者其医务人员也有过错的，仍然需要承担相应的赔偿责任。这实际上是过失相抵规则在医疗损害责任领域的具体适用。在这里需要注意的是，依据本款规定，法条中仅仅列明第 1 款第 1 项适用医务人员如有过错需要承担相应责任的情况，依照反对解释，应该排除第 1 款第 2~3 项情形下对这一规则的适用。

依据本条第 2 款的规定，在患者或者其近亲属不配合医疗机构进行符合诊疗规范的诊疗情形下，医疗机构若想完全免责，前提必须是医疗机构及其医务人员没有过错。

如果患者或者其近亲属有不配合诊疗的行为，但医疗机构或者医务人员也有过错的，医疗机构仍应对患者的损害承担相应的赔偿责任（王胜明（主编），《< 中华人民共和国侵权责任法 > 条文理解与立法背景》，2010，页 238）。从法律适用的层面来看，医疗机构承担相应赔偿责任的前提是要符合本条规定的诊疗过错责任的全部构成要件，即不仅需要存在过错要件，还需要符合违法行为、损害后果及因果关系的构成要件。

五、举证责任承担

关于本条第1款规定的免责事由的举证责任承担问题，《医疗损害责任司法解释》第 4 条第 3 款规定："医疗机构主张不承担责任的，应当就民法典第一千二百二十四条第一款规定情形等抗辩事由承担举证证明责任。"据此，就免责事由的举证责任，应当由医疗机构一方承担。如果涉及到专业判断问题，医疗机构也可以通过申请鉴定来解决。

《民法典》第 1225 条

第一千二百二十五条 【病历资料的制作、保管和提供义务】

医疗机构及其医务人员应当按照规定填写并妥善保管住院志、医嘱单、检验报告、手术及麻醉记录、病理资料、护理记录等病历资料。

患者要求查阅、复制前款规定的病历资料的，医疗机构应当及时提供。

一、规范目的

本条确认了医疗机构及其医务人员所负有的对病历资料的制作、保管义务，以及提供给患者查阅、复制的义务。同时本条列举了部分病历资料的形式，采用的是开放式列举技术，其他资料仍可能成为病历资料。

至于本条是否为独立的请求权基础，存在争议。有学者认为本条为不完全法条，不产生独立的请求权，是对第1222 条中病历资料范围的说明，补充了证明妨碍行为的范围（满洪杰，2020，页 582）。相反观点认为，本条是独立的请求权基础，例如吴香香（2021）在其编的法条中，将《民法典》第 1225 条标注为"主要"。根据其标注体例，意味着该条为请求权基础。笔者以为，民法中的请求权不仅限于损害赔偿、返还原物、支付对价等，请求他人作为或者不作为的权利都可以看作请求权的类型。本条明确规定了患者查阅、复制病历资料的权利，医疗机构负有提供的义务。因此，构成独立的请求权基础。

二、立法沿革和比较法例

《民法典》1225 条保留了《侵权责任法》第 61 条的内容，但将《侵权责任法》第 61 条"医疗机构应当提供"改为"医疗机构应当及时提供"，明确了提供病历资料的时效性要求。

《医疗纠纷预防和处理条例》（2018 年 10 月 1 日施行）第 15 条规定："医疗机构及其医务人员应当按照国务院卫生主管部门的规定，填写并妥善保管病历资料。因紧急抢救未能及时填写病历的，医务人员应当在抢救结束后 6 小时内据实补记，并加以注明。任何单位和个人不得篡改、伪造、隐匿、毁灭或者抢夺病历资料。"第 16 条第 1 款规定：

"患者有权查阅、复制其门诊病历、住院志、体温单、医嘱单、化验单（检验报告）、医学影像检查资料、特殊检查同意书、手术同意书、手术及麻醉记录、病理资料、护理记录、医疗费用以及国务院卫生主管部门规定的其他属于病历的全部资料。"

《德国民法典》第630f条规定了医方制作病历的义务，第630g条规定了患者查阅、复制病历资料的权利。第630f条内容为"[1]医疗者在紧接于医疗后，有以纸本或电子方式制作病历建立档案之义务。更正及修正，仅于先前档案内容附加以明显方式保存何时作成，始得为之。以电子方式制作病历者，前端记录亦应确实保存。[2]医疗者有记录所有依专业判断现在与未来之医疗重大措施及其结果之义务，即如病史、诊断、检查、检查结果、检验结果、治疗及其效果、干预手段及其效果、同意及说明。诊断书应收于病历中。[3]医疗者应于医疗结束后继续保存病历十年。但有其他保存期限规定者，不在此限"（台湾大学法律学院、台大法学基金会（编译），2016）。第630g条内容为"[1]依病人之请求，应即时供其阅览完整之病历。但阅览与重大治疗事由或其他第三人重大权利相反者，不在此限。阅览之拒绝，应附理由。第811条规定，准用之。[2]病人亦得请求病历之电子副本。由此而生之费用，应由病人负担。[3]病人死亡时，依第一款及第二款所生之权利，在顾及继承人财产上利益之范围内，归属于继承人。最近亲属主张非财产上利益者，亦归属于该最近亲属。阅览违反病人明示或可得推知之意思者，不得行使该权利"（台湾大学法律学院、台大法学基金会（编译），2016）。

三、病历资料范围、制定与保管

《医疗机构病历管理规定》（2014 年 1 月 1 日施行）第 2 条对病历做了定义："病历是指医务人员在医疗活动过程中形成的文字、符号、图表、影像、切片等资料的总和，包括门（急)诊病历和住院病历。病历归档以后形成病案。"

从分类上讲，病历包括门（急）诊病历和住院病历；从内容上讲，病历包括体温单、医嘱单、化验单（检验报告）、医学影像检查资料、手术及麻醉记录单、病理报告、护理记录等一系列医学文书资料（王胜明（主编），《< 中华人民共和国侵权责任法 > 条文理解与立法背景》，2010，页243)。

按照病历记录形式不同，可区分为纸质病历和电子病历，电子病历与纸质病历具有同等效力（《医疗机构病历管理规定》第 4 条）。

《医疗机构病历管理规定》第 5 条明确要求各医疗机构"应当建立健全病历管理制度，设置病案管理部门或者配备专（兼）职人员，负责病历和病案管理工作。医疗机构应当建立病历质量定期检查、评估与反馈制度。医疗机构

154

医务部门负责病历的质量管理。"

对于病历的建立，《医疗机构病历管理规定》第7条要求"医疗机构应当建立门（急）诊病历和住院病历编号制度，为同一患者建立唯一的标识号码。已建立电子病历的医疗机构，应当将病历标识号码与患者身份证明编号相关联，使用标识号码和身份证明编号均能对病历进行检索。门（急）诊病历和住院病历应当标注页码或者电子页码。"

对于病历的书写，"医务人员应当按照《病历书写基本规范》、《中医病历书写基本规范》、《电子病历基本规范（试行）》和《中医电子病历基本规范（试行）》要求书写病历"（《医疗机构病历管理规定》第8条）。

对病历的整理排序，《医疗机构病历管理规定》第9条规定"住院病历应当按照以下顺序排序：体温单、医嘱单、入院记录、病程记录、术前讨论记录、手术同意书、麻醉同意书、麻醉术前访视记录、手术安全核查记录、手术清点记录、麻醉记录、手术记录、麻醉术后访视记录、术后病程记录、病重（病危）患者护理记录、出院记录、死亡记录、输血治疗知情同意书、特殊检查（特殊治疗）同意书、会诊记录、病危（重）通知书、病理资料、辅助检查报告单、医学影像检查资料。病案应当按照以下顺序装订保存：住院病案首页、入院记录、病程记录、术前讨论记录、手术同意书、麻醉同意书、麻醉术前访视记录、手术安全核查记录、手术清点记录、麻醉记录、手术记录、麻醉术后访视记录、术后病程记录、出院记录、死亡记录、死亡病例讨论记录、输血治疗知情同意书、特殊检查（特殊治疗）同意书、会诊记录、病危（重）通知书、病理资料、辅助检查报告单、医学影像检查资料、体温单、医嘱单、病重（病危）患者护理记录。"

病历资料可分为客观性和主观性两大类。客观性病历资料包括记录患者客观情况的文档，如症状、体征、病史、辅助检查结果和医嘱等。此外，还包括在患者接受手术、特殊检查或其他特殊治疗时，向其告知情况后由患者或其近亲属签字的文件。主观性病历资料则是医务人员在医疗活动中，对患者病情的发展和治疗过程进行观察、分析和讨论后，所提出的诊疗意见等记录。不同的医生、病程的不同时期均可能出现不同甚至相反的观点或意见（奚晓明（主编），2010，页427）。《民法典》第1225条列举的住院志、医嘱单、检验报告、手术及麻醉记录、病理资料、护理记录、医疗费用单据等病历资料主要属于客观性病历。

在司法实践中，关于患者是否有权查阅和复制诊治意见、会诊记录等主观性病历资料存在争议。多数观点认为，在疾病的诊疗过程中，特别是面对罕见或疑难病症时，医务人员需要自由地表达自己的观点和看法。如果对患者查阅和复制这类资料的权利不加限制，可能会影响医生表达意见的积极性。然而，当发生医疗纠纷，需要将这些资料作为关键证据进行鉴定时，主观性病历资料应由医疗机构提交给鉴定机构作为鉴定材料。

四、患者查阅、复制病历资料的权利

就患者查阅、复印病历资料的权利，有诸多法律法规做了规定。《医疗纠纷预防和处理条例》第 16 条规定，"[1] 患者有权查阅、复制其门诊病历、住院志、体温单、医嘱单、化验单（检验报告）、医学影像检查资料、特殊检查同意书、手术同意书、手术及麻醉记录、病理资料、护理记录、医疗费用以及国务院卫生主管部门规定的其他属于病历的全部资料。[2] 患者要求复制病历资料的，医疗机构应当提供复制服务，并在复制的病历资料上加盖证明印记。复制病历资料时，应当有患者或者其近亲属在场。医疗机构应患者的要求为其复制病历资料，可以收取工本费，收费标准应当公开。[3] 患者死亡的，其近亲属可以依照本条例的规定，查阅、复制病历资料。"

《医疗事故处理条例》第 10 条规定"[1] 患者有权复印或者复制其门诊病历、住院志、体温单、医嘱单、化验单（检验报告）、医学影像检查资料、特殊检查同意书、手术同意书、手术及麻醉记录单、病理资料、护理记录以及国务院卫生行政部门规定的其他病历资料。[2] 患者依照前款规定要求复印或者复制病历资料的，医疗机构应当提供复印或者复制服务并在复印或者复制的病历资料上加盖证明印记。复印或者复制病历资料时，应当有患者在场。[3] 医疗机构应患者的要求，为其复印或者复制病历资料，可以按照规定收取工本费。具体收费标准由省、自治区、直辖市人民政府价格主管部门会同同级卫生行政部门规定。"

此外，《医疗机构病历管理规定》规定了患者查阅、复制病历资料权利的行使方式。依其规定，"医疗机构应当受理下列人员和机构复制或者查阅病历资料的申请，并依规定提供病历复制或者查阅服务：（一）患者本人或者其委托代理人；（二）死亡患者法定继承人或者其代理人。"该法第18 条具体规定了医疗机构在提供查阅、复制病历资料服务时，应当审核申请人的身份，"医疗机构应当指定部门或者专（兼）职人员负责受理复制病历资料的申请。受理申请时，应当要求申请人提供有关证明材料，并对申请材料的形式进行审核。（一）申请人为患者本人的，应当提供其有效身份证明；（二）申请人为患者代理人的，应当提供患者及其代理人的有效身份证明，以及代理人与患者代理关系的法定证明材料和授权委托书；（三）申请人为死亡患者法定继承人的，应当提供患者死亡证明、死亡患者法定继承人的有效身份证明，死亡患者与法定继承人关系的法定证明材料；（四）申请人为死亡患者法定继承人代理人的，应当提供患者死亡证明、死亡患者法定继承人及其代理人的有效身份证明，死亡患者与法定继承人关系的法定证明材料，代理人与法定继承人代理关系的法定证明材料及授权委托书。"第19条规定了可以复制的范围，"医疗机构可以为申请人复制门（急）诊病历和住院病历中的体温单、医嘱单、住院志（入院记录）、手术同意书、麻醉同意书、麻醉记录、手术记录、病重（病危）患者护理记录、出院记录、输血治疗知情同意书、特殊检查（特殊治疗）同意书、病理报告、检验报告等辅助检查报告单、医学影像检查资料等病历资料。"

根据《医疗机构管理实施条例》第53条规定，门诊病历和住院病历的保存期限分别为15年和30年；患者请求查阅门诊病历和住院病历的时点，不得晚于患者最后一次就诊之日起的15年和30年。至于医疗机构获悉患者的要求后、向其提供病历资料的期限，应当以合理的期限为准。同时还应注意，门诊病历并非总是由医疗机构保管，医疗实践中常常是由患者自身保管门诊病历。《医疗机构病历管理规定》第10条第1款规定"门（急）诊病历原则上由患者负责保管。医疗机构建有门（急）诊病历档案室或者已建立门（急）诊电子病历的，经患者或者其法定代理人同意，其门（急）诊病历可以由医疗机构负责保管。"

患者查阅、复制病历资料的权利不是绝对的，受到以下限制：

首先，前文提到的主观性病历资料的查阅、复制受到限制。患者通常只能查阅和复制客观性病历资料，如检查报告、检验结果、医嘱单、手术记录等。对于主观性病历资料，如医生的诊疗意见、会诊记录、讨论记录等，因涉及医务人员的专业判断和内部讨论，患者一般无权查阅或复制。

其次，出于保护第三人隐私的理由，如他人的健康状况、家族遗传病史等，医疗机构有权对这些信息进行遮蔽，防止泄露他人隐私。

第三，在特定情形下，为了保护正在接受诊疗患者的生命健康权，患者查阅、复制病历资料的权利可能受到限制，但可由其近亲属等查阅。

第四，查阅、复制病历应当遵守一定的程序性要求，不是随时随地都可查阅，否则会干扰到医疗机构的正常秩序。患者需要按照医疗机构规定的程序，提交书面申请，提供合法有效的身份证明和申请材料，才能查阅或复制病历。复制病历可能还需支付合理的费用，在未支付费用前，医疗机构有权拒绝提供复印件。

五、医疗机构拒绝提供相关病历资料的法律后果

医疗机构应当按照规定向患者提供相关病历资料，这是医疗机构的一项义务，违反该义务，除了承担民事责任或者承受举证上的不利外，还要承担相应的行政责任。

从民事责任角度看，《民法典》第 1225 条构成独立的请求权基础，当患者查阅、复制的权利不能实现时，患者可以诉至法院，请求医疗机构实际履行。此外，医疗机构违反该义务的，还会造成过错推定。依据《民法典》第 1222 条，隐匿或者拒绝提供与纠纷有关的病历资料的，推定医疗机构对患者的损害有过错。在推定过错的情况下，如果医疗机构没有相反证明，则"推定"的过错将被"认定"为过错，医疗机构将承担不利的法律后果。

就行政责任而言，《医疗事故处理条例》第 56 条规定，医疗机构违反本条例的规定，没有正当理由，拒绝为患者提供复印或者复制病历资料服务的，由卫生行政部门责令改正；情节严重的，对负有责任的主管人员和其他直接责任人员依法给予行政处分或者纪律处分。

《民法典》第 1226 条

第一千二百二十六条 【患者隐私和个人信息保护】

医疗机构及其医务人员应当对患者的隐私和个人信息保密。泄露患者的隐私和个人信息，或者未经患者同意公开其病历资料的，应当承担侵权责任。

一、规范目的

本条规定了医疗机构保护患者隐私和个人信息的义务。就本条是否构成独立的请求权基础，存在不同观点。有观点认为，本条构成了独立的请求权基础，例如吴香香（2021）在其编著的法条中，将第 1226 条标注为"主要"，根据其标注体例，意味着该条为请求权基础。其中，"泄露患者的隐私和个人信息，或者未经患者同意公开其病历资料的"，为构成要件；"应当承担侵权责任"为法律效果。相反观点认为，本条不是独立的请求权基础，为不完全法条，本条旨在提醒法院在存在本条规定的情形下应考虑构成侵权责任（满洪杰，2020，页585）。笔者以为，本条构成独立的请求权基础，但在适用时，需要满足侵权责任的构成要件，即须存在损害结果、因果关系和可归责性等要件。

二、立法沿革和比较法例

（一）立法沿革

本条承继自《侵权责任法》第62条，表述上作了一些调整。《侵权责任法》第62条表述为："医疗机构及其医务人员应当对患者的隐私保密。泄露患者的隐私或者未经患者同意公开其病历资料，造成患者损害的，应当承担侵权责任。"《民法典》第1226条相较于《侵权责任法》第62条，一是在"患者的隐私"后增加"个人信息"，二是删除了"造成患者损害"这一要求。

在《侵权责任法》颁布之前，我国并不承认隐私权的独立人格权地位，在相当长的一段时间里，司法实践中对自然人隐私权的保护是比照名誉权的保护方式进行的。而更为具体的对个人医疗健康信息的保护也只散见于《精神卫生法》、《传染病防治法》、《职业病防治法》、《母婴保健法》等法律法规和司法解释之中。直到2009年通过的《侵权责任法》中隐私权才终于得到立法的承认，其第62条第一次对侵害患者隐私权的侵权责任做出了原则性规定。

（二）比较法例

美国对患者隐私和个人信息的保护，主要通过联邦的《健康保险携带和责任法案》（Health Insurance Portability and Accountability Act, 缩写为 HIPAA, 1996年）和州级法律。HIPAA 法案中规定了受保护的健康信息及其使用和披露制度。针对电子形式的健康信息，要求采取物理和技术保护措施，确保信息的安全。2009年的《健康信息技术促进经济和临床健康法案》（Health Information Technology for Economic and Clinical Health Act, 缩写为 HITECH Act），加强了 HIPAA 的执行力度，特别是对电子健康记录的使用提出了规范，并规定了数据泄露的通知要求和民事处罚。根据美国的联邦制度，各州仍有权制定更严格的隐私法律和信息保护法律。

英国对患者隐私和个人信息保护的主要法律有《数据保护法案2018》（Data Protection Act 2018）和英国国家医疗服务体系（NHS）自己的保密守则"Confidentiality: NHS Code of Practice"。保密守则要求员工在处理患者信息时，应遵循同意、必要性和最小化数据使用原则。

德国法上对患者隐私和个人信息的保护，既有一般性的法律也有专门针对专业人员保密义务的规范。一般性的数据保护法律有欧盟《通用数据保护条例》（GDPR）和《联邦数据保护法》（BDSG，2018），专业人员的保密义务规定在《德国刑法典》第 203 条，根据此条，专业人员未经授权泄露秘密信息可被判处罚款或最高一年的监禁。

瑞士法上对患者隐私和数据保护，一方面有《联邦数据保护法》（DSG，2020 年修订）这种一般性数据保护法律，也有《瑞士刑法典》第 321 条规定的专业保密义务。医务人员未经授权泄露患者信息，可被判处罚款或最高三年的监禁。除此之外，瑞士医师协会制定了行业的道德准则，强调对患者信息的保密。各州也有权就患者隐私和数据立法，进一步细化保护措施。

三、规范内容

（一）对患者的隐私和个人信息的保密义务

1. 患者的隐私

《民法典》第 1032 条第 2 款将"隐私"定义为自然人的私人生活安宁和不愿为他人知晓的私密空间、私密活动、私密信息。理论上认为患者隐私权应当包括患者身体的隐秘部位、疾病病史、生理缺陷、特殊经历等方面（王雯，2001，页 33）。

2. 患者的个人信息

《民法典》第 1034 条对个人信息定义为是以电子或者其他方式记录的能够单独或者与其他信息结合识别特定自

然人的各种信息，包括自然人的姓名、出生日期、身份证件号码、生物识别信息、住址、电话号码、电子邮箱、健康信息、行踪信息等。患者个人信息应当是在接受诊疗服务过程中被采集、获悉的个人信息。

3. 患者的个人信息与隐私之间的关系

隐私与个人信息之间既有联系也有区别。隐私涉及到个人更为私密不为人知的信息，其范围比个人信息要窄。个人信息包含的范围更大，一些个人信息，可能法律上不被归类为隐私，但其也应得到保护。《民法典》人格权编第六章专门规定隐私权和个人信息保护，采取了隐私权和个人信息二元化的保护框架。私密信息属于二者之间交叉部分。个人信息若属于私密信息，适用隐私权保护，不属于私密信息，则适用个人信息保护。

4. 保密和不得泄露患者隐私和个人信息

侵害患者隐私和个人信息等的具体情形主要包括：（1）未经患者本人同意，将患者的个人信息及相关病历信息发表在医学期刊、个人论文、著作中，或用于讲座教学；（2）医务人员问诊后与其他不相关人员讨论患者的病情和治疗方案，导致患者隐私及个人信息泄露；（3）患者登记在医疗机构中的个人信息故意或者过失被出卖或披露，如将产妇的信息披露给奶粉厂商或婴幼儿用品厂商；（4）未经患者本人同意，组织实习生或医学生对患者身体甚至是隐私部位进行观摩、手术教学、检查等；（5）医疗机构数据安全保护措施不到位，对电子病历监管存在漏洞，导致医务人员或其他人员可以随意查询患者的诊疗信息；（6）超出知情范围刺探患者的隐私和个人信息；（7）未经患者本人同意，通过互联网平台直播患者的治疗过程等。

（二）未经患者同意不得公开病历资料

病历资料中包含了患者个人信息和隐私，医疗机构通常不得在未取得患者同意的情况下公开患者病历资料，这也是保护患者个人信息和隐私的必然。

但病历资料也是医学研究的基础材料。依据《医疗机构病历管理规定》第6条、《传染病防治法》第12条之规定，以医疗、教学、研究或传染病防治为目的，医疗机构在履行必要手续后，可以未经患者同意公开其病历资料，但此处的病历资料公开仍要以合理使用为限。《民法典》第1036条第3项也对为维护公共利益而未经同意处理个人信息做了规定。例如，为传染病防控、公共卫生、科学研究等目的，在一定范围内使用患者病历资料的，不具有不法性。但使用患者病历资料时，应当采用匿名化措施，使他人无法识别和追踪患者身份。

四、举证责任

患者主张其个人信息或隐私被泄露的，应当由其证明所主张的事实。患者主张病历资料未经其同意被公开的，由患者证明病历资料被公开的事实，医方若认为经过患者同意的，需要医方证明患者同意的事实，患者无须举证其未同意的事实。

《民法典》第 1227 条

第一千二百二十七条 【禁止不必要检查】

第一千二百二十七条 【禁止不必要检查】

医疗机构及其医务人员不得违反诊疗规范实施不必要的检查。

一、规范目的

本条为不完全法条，不是独立的请求权基础。条文目的在于表达国家对过度检查这类医疗侵权行为的禁止性态度，具有宣示性效果。当医疗机构及医务人员有过度检查的行为时，仍需要配合其他法条来确定民事责任。

二、立法沿革

本条承继自《侵权责任法》第 63 条，未做修改。在我国以往的法律及司法解释中，并没有明确规定医务人员过度检查所应承担的责任的制度。在 2003 年最高法院关于民事诉讼证据的司法解释中，确立了医疗纠纷案件举证责任倒置的证据规则后，医疗实践中过度检查、"防御性"医疗行为的数量便不断上升，导致了诊疗费用的大幅上涨，给患者家庭带来巨大的经济负担。"过度检查"首次在规范性文件中出现，是卫生部和国家中医药管理局2006年联合制定的《关于建立健全防控医药购销领域商业贿赂长效机制的工作方案》。该方案提出，要实行院长问责制，"若发现医院存在乱收费、私设'小金库'、严重的过度检查、过度医疗行为等严重违纪违法问题，将首先追究医院院长责任"。因此立法者在《侵权责任法》和《民法典》中表达了对医疗实践中不必要的检查现象的否定态度。

不必要的检查仅仅是过度医疗的其中一项内容，除此之外还存在过度用药、过度手术等诸多过度医疗的情形。这些情形同样会使患者的人身、财产等利益遭受损失，但未被本条文义所包含。在《侵权责任法》制定过程中，曾在二审稿、三审稿将"过度医疗"作为医疗过失类型，但最终被删除，仅规定了不必要检查这种情形。《民法典》沿袭了《侵权责任法》的规定，没有规定"过度医疗"，仅规定了"不必要检查"。

三、不必要的检查含义

不必要检查属于过度医疗的一种。所谓诊疗活动是指医方通过检查、诊断、治疗等方法，从事的治愈患者疾病，恢复患者健康，改善身体功能的活动。《医疗机构管理条例实施细则》第 88 条规定："诊疗活动：是指通过各种检查、使用药物、器械及手术等方法，对疾病作出判断和消除疾病、缓解病情、减轻痛苦、改善功能、延长生命、帮助患者恢复健康的活动。"有观点认为，医疗行为的具体内涵包括诊断、治疗和对治疗情况的追踪、检证（最高人民法院侵权责任法研究小组（主编），2016，页 387）。从定义可以看出检查活动是诊疗活动的一项重要组成部分，不能仅仅因检查行为未直接参与疾病治疗而否定其医疗性质，两者是包含与被包含的关系。本条中的"不必要检查"文义上不包含其他类型的"过度医疗"。但这并不意味着对于其他类型的过度医疗无法律上后果。对于其他类型的过度医疗，若其仅仅导致患者多花费医疗费，可以以违约为由，请求医疗机构赔偿多花的医疗费，也可基于过错侵权责任的一般规定请求赔偿。司法实践中，若以侵权作为请求权基础，往往把过度医疗所生请求权基础定位为《民法典》第 1221 条（原《侵权责任法》第 57 条）。如在"汤艳秋与吉林省吉林中西医结合医院医疗损害责任纠纷案"（吉林省吉林市船营区人民法院，（2018）吉 0204 民初 608 号）中，法院依照《侵权责任法》第 57 条和《医疗损害责任司法解释》第 16 条，支持了汤艳秋主张中西医结合医院赔偿其住院期间不合理用药损失 13567.51 元的诉讼请求。在"蒋某某与杭州某医院有限公司医疗损害责任纠纷案"中（浙江省杭州市中级人民法院，（2015）浙杭民终字第752号），法院认为，医务人员在诊疗过程中需要实施手术的，应及时向患者说明医疗风险、替代医疗方案等情况，并取得其书面同意。医疗机构不得违反诊疗规范实施不必要的检查。杭州某医院有限公司不能证明其实施"lol消融术"系在正常情况下治疗所应采取的必要措施，应承担相应的赔偿责任。

有学者提出了判断一个医疗行为是否构成过度医疗的四个标准：（1）诊疗手段是否超出该疾病诊疗的根本需要；（2）是否符合该疾病诊疗的规律和特点；（3）是否超出当时个人、社会经济承受能力和社会发展水平；（4）是否有利于病人的生理、心理的康复（杜治政，2005）。也有学者从侵权责任法的视角出发，认为过度医疗行为是医疗机构或医务人员在医疗活动中以获取一定经济利益为目的，实施的不必要的诊疗措施，该措施造成患者人身、财产损害，医疗机构及其医务人员应为此承担相应法律责任（石悦，2012，页115）。

四、举证责任

根据谁主张谁举证的原则，对不必要的检查的证明责任任由患者负担。

　　对于医疗检查是否属于不必要的检查，或者诊疗行为是否属于过度医疗，属于医学专门性问题，非医学专业人士难以判断，因此在司法实践中，患者可以申请由专门的鉴定机构予以鉴定。

《民法典》第 1228 条

第一千二百二十八条 【维护医疗机构及其医务人员合法权益】

医疗机构及其医务人员的合法权益受法律保护。

干扰医疗秩序，妨碍医务人员工作、生活，侵害医务人员合法权益的，应当依法承担法律责任。

一、规范目的

本条属于宣示性条款，不产生独立的请求权基础，意在表明对医疗机构、医务人员的合法权益予以保护的态度。之所以规定这一条，并不是民法内在逻辑的需要，保留或者删去该条并不会影响医患关系中的民事责任承担。之所以保留此条，是因为立法当时医患关系紧张的社会背景，医闹现象常见，甚至有伤医事件发生，严重影响了医疗机构正常的诊疗活动，对医疗卫生秩序产生了负面影响。本条基于这一背景，立法者明确表达了对医疗机构和医务人员合法权益的保护，禁止医闹等非法行为。

该条第二款是参引性条款，发生该款规定的"干扰、妨碍、侵害"行为的，根据个案具体情况，寻找其请求权基础。此处"应当依法承担法律责任"中的"依法"一词，表明参引至其他完全性法条中。

二、立法沿革

本条承继自《侵权责任法》第 64 条，原法条只有一款，包含两句。《民法典》第 1228 条将两句话分成了两款。在第二款中将"妨害"改成了"妨碍"，并增加了"侵害医务人员合法权益"这种情形。

在《侵权责任法》立法过程中，有意见认为本条规定属于行政法上的内容，与侵权责任法无关，建议不作规定。但是，也有意见认为，考虑到当前医患矛盾较为突出，"医闹""伤医"事件屡有发生，医疗秩序、医务人员的生命财产安全、工作和生活安宁遭受严重干扰情况下，同时基于侵权责任法"预防和制裁侵权行为"的立法目的，民法典不仅要对正在发生的权利义务关系作出调整和平衡，还应对将来可能发生的冲突作出法律上的指引（黄薇（主编），2020，页 1873）。

我国法律体系中，保护医疗机构和医务人员合法权益

的规定还有：《护士条例》（2008 年 5 月 12 日施行）第 3
条"护士人格尊严、人身安全不受侵犯。护士依法履行职
责，受法律保护。全社会应当尊重护士。"《执业医师法》
（2009 年施行，已失效）第 21 条第 5 项和第 40 条。《医
师法》（2022 年 3 月 1 日施行）第 60 条"违反本法规定，
阻碍医师依法执业，干扰医师正常工作、生活，或者通过
侮辱、诽谤、威胁、殴打等方式，侵犯医师人格尊严、人
身安全，构成违反治安管理行为的，依法给予治安管理处
罚。"根据《治安管理处罚法》（2013 年 1 月 1 日施行）第
23 条第 1 款第 1 项规定，"扰乱机关、团体、企业、事业单
位秩序，致使工作、生产、营业、医疗、教学、科研不能
正常进行，尚未造成严重损失的"，处警告或者二百元以下
罚款；情节较重的，处五日以上十日以下拘留，可以并处
五百元以下罚款。2015 年，《刑法修正案（九）》正式将"医
闹"入刑，修正案第 31 条将《刑法》第 290 条修改为："[1]
聚众扰乱社会秩序，情节严重，致使工作、生产、营业和
教学、科研、医疗无法进行，造成严重损失的，对首要分
子，处三年以上七年以下有期徒刑；对其他积极参加的，
处三年以下有期徒刑、拘役、管制或者剥夺政治权利。[2] 多
次扰乱国家机关工作秩序，经行政处罚后仍不改正，造成
严重后果的，处三年以下有期徒刑、拘役或者管制。[3] 多次
组织、资助他人非法聚集，扰乱社会秩序，情节严重的，
依照前款的规定处罚。"2016 年，原国家卫生计生委、中央

综治办、公安部和司法部印发了《关于进一步做好维护医疗秩序工作的通知》，打击涉医违法犯罪，维护医疗秩序。《民法典》第1228条的规定与以上条文一脉相承。

三、规范内容

本条第1款宣示了医疗机构及其医务人员的合法权益受法律保护，提醒司法机构在办案过程中注意保护医疗机构及其医务人员的合法权益（满洪杰，2020，页589）。

本条第2款概括了三种类型不法行为：其一，干扰医疗秩序；其二，妨碍医务人员工作、生活；其三，侵害医务人员合法权益。

干扰医疗秩序，常见于"医闹"事件中。医患纠纷发生后，患者及其家属不按法律程序解决问题，而是纠集亲朋好友甚至花钱雇佣其他人员到医院闹事，比如在医院门口拉横幅、在医院门口披麻戴孝摆放花圈等，给正常医疗秩序带来破坏（王德国，2015，页50）。除此之外，还可能存在其他干扰医疗秩序的行为，比如捏造关于医疗机构的负面消息在网上传播，在医院入口或附近道路散发传单诋毁医院的形象声誉，给医院制造负面影响等非暴力的行为；也有对医院财物实行打砸、殴打医务人员或医院领导，在医院大厅聚集人员、在医生办公室大吵大闹等暴力行为（栾永、孟华，2012，页28）。导致其他患者出于担心而不敢前往就医。

妨碍医务人员工作、生活的情形，例如患者及其家属聚集在医务人员诊疗室门口，干扰医务人员出诊，跟踪医务人员上下班，影响到医务人员私人生活。

侵害医务人员合法权益包括侵害医务人员人身权益和财产权益，包括生命权、健康权、姓名权、名誉权、荣誉权、肖像权、隐私权等人身、财产民事权益。例如，有患者因不满治疗效果而怀恨在心，故意刺伤医生眼睛，甚至杀害医生。

四、举证责任

根据"谁主张，谁举证"的原则，需由医疗机构及医务人员来举证患方有干扰医疗秩序，妨碍医务人员工作、生活的行为，医疗机构的正常就医秩序受到了扰乱，医疗机构及医务人员的合法权益受有损害，并且该损害是由患方行为造成的。

引用文献目录

一、中文文献

艾尔肯、张瑜 . (2010). 论医疗损害责任的完善——以《侵权责任法》第七章的规定为视角 . 法学杂志 , 2010 年 (12), 51-53.

艾尔肯 . (2006). 论医疗合同关系 . 河北法学 , 24(12), 135-141.

艾尔肯 . (2007). 论医师的说明义务 . 沈阳师范大学学报（社会科学版）, 31(4), 145-148.

曾见 . (2024).《民法典》第 1221 条（"当时的医疗水平"作为注意义务标准）评注 . 法治研究 , 2024 年 (3), 147-160.

陈聪富 . (2008). 美国医疗过失举证责任之研究 . 於 医疗过失举证责任之比较 (頁 157-199). 台北 : 元照出版有限公司 .

陈聪富 . (2015). 医疗机构法人组织与责任 . 於 陈学德（主编），医疗纠纷处理之法制与实证 (頁 223-251). 台北：元照出版有限公司 .

陈福民、胡永庆 . (2003). 对患者知情同意权的法律保护——对上海首例患者知情同意权纠纷案的评析 . 政治与法律 , 2003 年 (2), 146-149.

陈杭平 . (2020). 论医疗过错推定及其诉讼展开 . 清华法学 , 14(5), 119-131.

陈建华 . (2019). 感染艾滋病原因不明案件应适用公平责任原则 . 人民司法 , 2019 年 (5), 33-38.

程啸 . (2015).《侵权责任法》（第 2 版）. 北京：法律出版社 .

程啸 . (2020).《侵权责任法教程》（第 4 版）. 北京：中国人民大学出版社 .

邓奕羿 . (2012). 医师履行告知义务的判定标准 . 医学与哲学 , 33(10A), 64-66.

董春华 . (2011). 再论产品责任的责任主体及归责原则——兼与高圣平教授商榷 . 法学论坛 , 26(5), 112-118.

窦海阳 . (2015). 法院对医务人员过失判断依据之辨析——以《侵权责任法》施行以来相关判决为主要考察对象 . 现代法学 , 37(2), 167-181.

杜治政 . (2005). 过度医疗、适度医疗与诊疗最优化 . 医学与哲学 , 26(7), 1-4,16.

龚赛红、董俊霞 . (2009). 论患者知情同意权的限制——从患者知情同意权保护的核心理念出发 . 中国社会科学院研究生学报 , 2009 年 (5), 62-68.

郭升选、李菊萍 . (2008). 论医疗注意义务与医疗过失的认定 . 西北政法大学学报 , 2008 年 (3), 124-133.

国务院办公厅 . (2016).《国务院办公厅关于印发药品上市许可持有人制度试点方案的通知》(国办发 [2016]41 号).

韩世远 . (2005). 医疗服务合同的不完全履行及其救济 . 法学研究 , 2005 年 (6), 89-104.

黄薇（主编）. (2020).《中华人民共和国民法典释义及适用指南》（下册）. 北京：中国民主法制出版社 .

黄志成、高敏、贝雷、陈旭 . (2019). 药品上市许可持有人制度对药品监管工作的影响和思考 . 中国药事，33(5), 493-498.

焦艳玲 . (2019). 血液致害侵权责任的再思考——以《侵权责任法》第 59 条为中心 . 河北法学，37(5), 78-92.

李冬、常林 . (2013). 替代医疗方案的法律解读 . 中国卫生法制，21(6), 53-60.

李冬 . (2015).《侵权责任法之医疗损害责任三方解读》. 北京：中国政法大学出版社 .

梁慧星 . (2010). 论《侵权责任法》中的医疗损害责任 . 法商研究，2010 年 (6), 35-39.

梁神宝、胡剑（译）. (2024).《瑞士债法分论》(第 2 版).

北京：中国政法大学出版社.

刘鑫（主编）.(2010).《侵权责任法"医疗损害责任"条文深度解读与案例剖析》.北京：人民军医出版社.

刘鑫.(2013).医疗损害鉴定之因果关系研究.证据科学,21(3), 334-353.

刘晔.(2013).医疗损害中的因果关系和参与度浅析.中国卫生人才,2013 年 (4), 47-49.

柳经纬、李茂年.(2002).《医患关系法论》.北京：中信出版社.

栾永、孟华.(2012).医闹种类、特征、危害与成因对策研究.医学与哲学,33(5A), 28-30.

马新耀、张思兵.(2012).替代医疗方案及其相关法律问题.医院与法制,16(11), 72-75.

满洪杰.(2020).医疗损害责任.出处 邹海林、朱广新（主编）,《民法典评注——侵权责任编 2》(页 513-590).北京：中国法制出版社.

全国人大常委会.(2015).《全国人民代表大会常务委员会关于授权国务院在部分地方开展药品上市许可持有人制度试点和有关问题的决定》.

沈德咏、杜万华（主编）.(2018).《最高人民法院医疗损害责任司法解释理解与适用》.北京：人民法院出版社.

石悦.(2012).过度医疗侵权责任的构成、规则及赔偿.贵州社会科学,33(6A), 36-38.

王安富 . (2012). 论过度医疗侵权行为及其法律规制 . 法学论坛 , 27(4), 138-145.

王晨光 . (2016). 药品上市许可持有人制度——我国药品注册制度改革的突破口 . 中国食品药品监管 , 2016 年 (7), 21-24.

王德国 . (2015). 医闹含义、特征及其危害 . 中国农村卫生事业管理 , 35(1), 50-53.

王静 . (2011). 会诊纠纷中共同过错责任的承担 . 人民司法 , 2011 年 (24), 18-22.

王利明（主编）. (2005).《中国民法典学者建议稿及立法理由（侵权行为编)》. 北京 : 法律出版社 .

王利明 . (2016).《侵权责任法研究》（第 2 版，下卷). 北京 : 中国人民大学出版社 .

王胜明（主编）. (2010).《< 中华人民共和国侵权责任法 > 条文理解与立法背景》. 北京 : 人民法院出版社 .

王胜明（主编）. (2010).《中华人民共和国侵权责任法释义》. 北京 : 法律出版社 .

王雯 . (2001). 关于患者隐私权的探讨 . 中国医学伦理学 , 2001 年 (4), 33.

王岳 . (2008). 从肖志军案看我国医疗违法阻却理由的立法完善 . 医学与哲学（人文社会医学版）, 29(2), 19-20.

王竹 . (2011). 解释论视野下的侵害患者知情同意权侵权责任 . 法学 , 2011 年 (11), 93-100.

王竹 . (2013). 论医疗产品责任规则及其准用——以《中华人民共和国侵权责任法》第 59 条为中心 . 法商研究，2013 年 (3), 58-64.

温世扬、吴昊 . (2018). 论产品责任中的"产品". 法学论坛，33(3), 71-80.

吴成锂 . (2022).《药品缺陷的民事责任研究》. 上海财经大学 2022 届硕士毕业论文 .

吴东 . (2014). 法医鉴定一例：医疗过错与损害后果之因果关系及过错参与度分析 . 医学与法学，6(1), 86-88.

吴香香 . (2021).《民法典请求权基础检索手册》. 北京：中国法制出版社 .

吴志正 . (2006).《解读医病关系 II》. 台北：元照出版有限公司 .

武亦文 . (2024).《民法典》第 1223 条（缺陷医疗产品及不合格血液致害责任）评注 . 法学家，2024 年 (1), 174-196.

奚晓明（主编）. (2010).《侵权责任法条文理解与适用》. 北京：人民法院出版社 .

杨立新、岳业鹏 . (2012). 医疗产品损害责任的法律适用规则及缺陷克服——"齐二药"案的再思考及《侵权责任法》第 59 条的解释论 . 政治与法律，2012 年 (9), 110-123.

杨立新 . (2009).《医疗损害责任研究》. 北京：法律出版社 .

杨立新.(2009). 医疗损害责任的因果关系证明及举证责任. 法学, 2009 年 (1), 35-44.

杨立新.(2009). 中国医疗损害责任制度改革. 法学研究, 2009 年 (4), 80-92.

杨立新.(2010).《侵权责任法》改革医疗损害责任制度的成功与不足. 中国人民大学学报, 2010 年 (4), 9-16.

杨立新.(2011).《侵权法论》（第 4 版）. 北京：法律出版社.

杨立新.(2012).《医疗损害责任法》. 北京：法律出版社.

杨立新.(2017). 民法分则侵权责任编修订的主要问题及对策. 现代法学, 39(1), 41-55.

杨立新.(2018).《最高人民法院关于审理医疗损害责任纠纷案件适用法律若干问题的解释》条文释评. 法律适用, 2018 年 (1), 38-51.

杨立新.(2021).《侵权责任法》（第 4 版）. 北京：法律出版社.

杨秀仪.(2007). 论病人自主权. 台大法学论丛, 36(2), 229-268.

杨悦.(2018).《药品上市许可持有人制度导读》. 北京：中国医药科技出版社.

俞强.(2011). 患者知情同意权研究. 检索日期：2024 年 10 月，来源：法律图书馆：http://www.law-lib.com/lw/lw_view.asp?no=23366

詹森林 . (2008). 德国医疗过失举证责任之研究 . 於 医疗过失举证责任之比较(頁33-72). 台北: 元照出版有限公司 .

张谷 . (2010). 浅谈医方的说明义务 . 浙江社会科学 , 2010 年 (2), 7-10.

张海燕 . (2012). ”推定"与"视为"之语词解读？——以我国现行民事法律规范为样本 . 法制与社会发展 , 2012 年 (3), 104-116.

张建平 . (2014). 缺陷药品侵权责任中的抗辩事由分析 . 中国药房 , 25(5), 401-403.

张新宝 . (2010).《侵权责任法》（第 2 版）. 北京：中国人民大学出版社 .

张新宝 . (2013).《侵权责任法》（第 3 版）. 北京：中国人民大学出版社 .

郑永宽 . (2020). 医疗损害赔偿中原因力减责的法理及适用 . 中国法学 , 2020 年 (6), 84-102.

周翠 . (2010).《侵权责任法》体系下的证明责任倒置与减轻规范——与德国法的比较 . 中外法学 , 22(5), 698-720.

周江洪 . (2011). 违反医疗说明义务损害赔偿范围的界定 . 法学 , 2011 年 (5), 78-87.

周友军 . (2011).《侵权法学》. 北京：中国人民大学出版社 .

周友军 . (2011).《侵权责任法专题讲座》. 北京：人民法院出版社 .

《地方人大、中央有关部门和单位以及有关方面对民法典各分编草案（征求意见稿）侵权责任编的意见》. (2020). 出处 民法典立法背景与观点全集 (页 749-760). 北京：法律出版社 .

《医疗事故处理条例》起草小组 . (2002).《医疗事故处理条例释义》. 北京：中国法制出版社 .

全国人民代表大会宪法和法律委员会 . (2019). 全国人民代表大会宪法和法律委员会关于《中华人民共和国药品管理法（修订草案）审议结果的报告》. 中华人民共和国全国人民代表大会常务委员会公报 , 2019 年 (6).

台湾大学法律学院、台大法学基金会（编译）. (2016).《德国民法典》. 北京：北京大学出版社 .

中华人民共和国卫生部、中国国家标准化管理委员会 . (2012). 中华人民共和国国家标准《全血及成分血质量要求》（GB18469-2012）.

最高人民法院民法典贯彻实施工作领导小组（主编）. (2020).《中华人民共和国民法典侵权责任编理解与适用》. 北京：人民法院出版社 .

最高人民法院侵权责任法研究小组（主编）. (2016).《< 中华人民共和国侵权责任法 > 条文理解与适用》. 北京：人民法院出版社 .

二、外文文献

Bergmann, K. O., & Wever, C. (2014). *Die Arzthaftung (4. Aufl.)*. Springer.

Deutsch, E., & Spickhoff, A. (2014). *Medizinrecht (7. Aufl.)*. Springer.

Fink, C. (2008). *Aufklärungspflicht von Medizinalpersonen (Arzt, Zahnarzt, Tierarzt, Apotheker)*. St. Gallen: Diss. St. Gallen 2008.

Pascal, P. (1999). *Rechtsprobleme der ärztlichen Aufklärung unter besonderer Berücksichtigung der spitalärztlichen Aufklärung*. Zürich: Diss. Zürich 1998.

Vionnet, R. (2014). *Die Behandlung urteilsunfähiger Patienten nach dem neuen Erwachsenenschutzrecht*. Hamburg.

Werner, P. J. (1992). *Internationale Entwicklungen in den Patientenrechten*. Wien/Köln/Weimar.

Wiegand, W. (1994). Die Aufklärungspflicht und die Folgen ihrer Verletzung. In H. H. (Hrsg.), *Handbuch des Arztrechts*. Zürich.

三、司法判决

安徽省霍邱县人民法院，（2013）霍民一初字第

01142 号。

北京市朝阳区人民法院,(2008)朝民初字第 06072 号。

北京市第二中级人民法院,(2010）二中民终字 05230 号。

甘肃省高级人民法院,〔2016〕甘民申 129 号。

广东省广州市中级人民法院,（××16）粤 01 民终 7889 号。

河北省秦皇岛市中级人民法院,(2016)冀 03 民再 55 号。

河南省高级人民法院,〔2018〕豫民申 1986 号。

河南省开封市中级人民法院,〔2016〕豫 02 民终 1506 号。

湖南省衡阳市中级人民法院,〔2012〕衡中法民四终字第 108 号。

吉林省吉林市船营区人民法院,〔2018〕吉 0204 民初 608 号。

江苏省南京市鼓楼区人民法院,〔2006〕鼓民三初字第 413 号。

江苏省南京市中级人民法院,〔2007〕宁民一终字第 741 号。

江苏省无锡市南长区人民法院,〔2012〕南民初字第 1358 号。

江苏省徐州市中级人民法院,〔2014〕徐民终字第 2042 号。

江苏省扬州市中级人民法院，（2010）扬民终字第0202号。

上海市第一中级人民法院，（2000）沪一中民终字第900号。

上海市卢湾区人民法院，（2008）卢民一（民）初字第147号。

浙江省杭州市中级人民法院，（2012）浙杭民终字第1739号。

浙江省杭州市中级人民法院，（2015）浙杭民终字第752号。

Mohr v. Williams (95 Minn. 261, 104 N.W. 12 (1905)).

Pratt v. Davis (224 III. 300, 79 N.E. 562 (1906)).

Salgo v. Leland Stanford Jr. University Board of Trustees (154 Cal.App.2d 560, 317 P.2d 170).

Schloendorff v. The Society of the New York Hospital (211 N.Y. 125 (N.Y. 1914) 105 N.E. 92).

www.ingramcontent.com/pod-product-compliance
Lightning Source LLC
Chambersburg PA
CBHW071211210326

41597CB00016B/1773